여성이 알아야 할
우울증에 대한 8가지

게리 H. 러브조이 지음

한길환 옮김

하나님의 사람을 **엘맨**
만들어 가는 ELMAN

여성이 알아야 할
우울증에 대한 8가지

초판1쇄   2022년 8월 20일

지은이   게리 H. 러브조이
옮긴이   한길환
펴낸이   이규종
펴낸곳   엘맨출판사
등록번호   제13-1562호(1985.10.29.)
등록된곳   서울시 마포구 토정로 222
         한국출판콘텐츠센터 422-3
전화   (02) 323-4060, 6401-7004
팩스   (02) 323-6416
이메일   elman1985@hanmail.net
         www.elman.kr

ISBN   ISBN 978-89-5515-029-2 03230

값 12,000 원

Eight Things
Every Woman Should Know
ABOUT DEPRESSION

목차

3부: 우울증의 정서적 파편

4부: 소망의 치료와 신학

기억해야 할 8가지

옮긴이의 글

　우리는 하루가 다르게 변하는 복잡 다변화되는 사회에서 살고 있다. 인간과 인간 사이에 소통이 갈수록 어려워지고 황금 만능주의와 성공주의가 팽배해지면서 사람 내면의 가치 추구는 설 자리를 잃어 가고 있다. 이에 우울증은 나날이 증가하고 있다. 또한 노령화가 빠르게 진행되고 있는 우리나라에서 노인 우울증 환자가 지속적으로 증가하고 있다. 최근에도 우울증을 앓고 있는 많은 사람들이 적절한 치료를 받지 않고 자살로 생을 마감하는 충격적인 경우를 너무나 많이 본다.

　여성 4명 중 1명은 중증도에서 중증의 우울증을 경험하고 있다고 한다. 통계적으로 우울증은 남성보다 여성에게 두 배나 더 많은 영향을 미친다. 그러나 대부분의 책은 우울증이 여성에게 미치는 독특하고 구체적인 방법을 다루지 않는다. 그러나 러브조이(Dr. Lovejoy) 박사는 여성들이 우울증의 회복에 일반적인 장애물을 피하는 방법을 보여주고 우울증의 특징과 원인, 증상을 알기 쉽게 설명한다. 그는 또한 호르몬, 삶과 가정에서의 역할, 기타 성별 차이와 같은 문제를 다루며 민감하게 그리고 30년 이상의 전문적인 기독교 상담경험과 성경을 사용하여 여성들이 우울증과 씨름할 때 자주 묻는 요구 사항과 질문에 대해 명확하게 설명한다. 『모든 여성이 우울증에 대해 알아야 할 8가지』는 간결하고 성경에 근거한 우울증에 대한 빠른 안내서이며 여성만을 위해서 썼다.

　우울증으로 고통받는 모든 여성들이 이 책을 통해서 우울증을 극복하고 다시 한번 삶의 축복을 누리기를 진심으로 기원한다.

충남 홍성 생명의 강가 작은 서재실에서

한길환 목사

1부

우울증의 조직 원리

1장

우울증의 의미

"여성들이 알아야 할 첫 번째는
우울증은 해결해야 할 문제에 대해 경고하도록
설계된 감정적 경보 시스템이다."

마사(Martha)는 좌절한 채 의자에 털썩 주저앉았다. "아무 소용없어요." 그녀가 말했다. "제 남편은 섹스를 원하지 않는 한 저를 무시해요. 내가 그를 떠난다면, 나는 어디로 갈까요? 난 그저 손상된 물건일 뿐이에요." 가끔 폭발하는 것을 제외하면, 그녀는 20년 넘게 조용히 남편의 방치를 묵묵히 견뎌왔다.

마사(Martha)는 어머니의 규범에 따라 결혼은 관계를 유지하기 위해, 즉 정서적 결핍의 삶을 받아들이기 위해 자신의 필요를 희생해야 한다고 믿었다. 십대 때 마사는 자신에게 그런 일이 일어나지 않도록 다짐했다. 그러나 그녀는 자신이 더 나은 대접을 받을 자격이 없다고 확신하며 우울했다.

정서적 친밀감

마사(Martha)의 경험은 우울증으로 고생하는 많은 여성들의 삶을 반영한다. 정서적 친밀감은 여성에게 결정적으로 중요한 가치이다. 이 가치가 단절되거나 도달할 수 없을 때 여성에게 삶은 지치고 우울한 싸움이다.

미국 기독교 상담사 협회 세미나에서 '결혼 생활에서 가장 중요한 행동'이란 강의에서 레슬리 패럿(Leslie Parrott)은 하루의 끝에 재회한 남편들과의 친밀한 관계를 원하는 여성들에 대해 이야기한다. 반면 남성들은 그날 있었던 일을 알리는 것만으로도 만족한다. 이 말은 비슷하게 들리지만 관계에 미치는 영향에서 의미는 크게 다르다.

아내는 정서적으로 의미 있는 관계를 맺고 싶어 하지만 그녀의 남편은 종종 최소한의 것만을 제공한다. 그가 정보를 찾는 동안 그녀는 친밀감을 추구한다. 그녀는 친밀감을 위해 협상하고 그는 관계에서 영향력(권력)을 위해 협상한다. 말할 필요도 없이 이것은 의사소통의 다른 영역으로 확장되며 일반적으로 실망, 좌절, 소외로 이어진다.

성별 차이와 우울증

4명 중 1명은 중증도에서 중증의 우울증을 경험할 것이다. 통계적으로 우울증은 남성보다 여성에게 두 배나 많은 영향을 미친다. 특히 여성이 가정의 정서적인 중심을 대표하기 때문에 여성의 우울증 빈도가 높아지는 것은 경각심을 불러일으키는 원인이다.

실제로 더 많은 남성들이 자살로 사망하는 반면(더 많은 치명적인 수단을 사용하는 경향이 있기 때문일 수 있음.) 여성들은 자살 생각을 할 가능성이 2배 이상 높다.

성별과 방법에 의한 자살(미국)

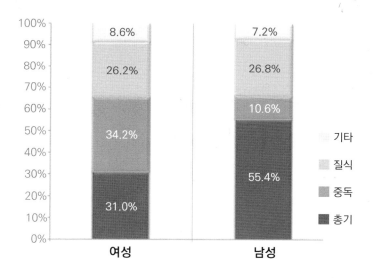

정서적 문제에 대한 여성의 민감성, 특히 외로움과 배우자의 무관심 또는 소외 때문에 생기는 고립은 무력감과 우울증을 유발한다. 그렇기 때문에 개별 치료 외에도 부부 상담이 갈등을 해결하는 데 중요한 역할을 한다. 이러한 이중적 접근 방식은 종종 두 배우자 모두 자신의 문제를 어느 한쪽의 잘못으로 치부할 수 없다는 사실을 일깨워준다.

친밀감은 매우 개인적인 것이다. 그것 없이는 우리가 밀접한 관계를 맺어야 했던 이유를 유지할 수 없게 되며, 그와 함께 진정한 성취에 대한 소망도 지속할 수 없게 된다. 친밀감 문제와 이를 성취하기 위해 자주 사용하는 결함이 있는 문제를 해결하는 것은 우리가 우울한 상태에 있는 이유와 가장 중요한 것은 이를 극복할 수 있는 방법을 이해하는 데 중요하다.

우울증의 증상

우리가 '우울증'이라는 용어를 사용할 때, 그 용어는 단지 하루나 이틀 동안 우울함을 느끼는 것을 의미하지 않는다. 우리의 감정 상태는 정상적인 오르내림과 함께 유동적이다. 더 큰 그림에서, 이러한 기분의 변화는 비교적 온화하고 기간이 짧다.

반면에, '임상적 우울증'은 우리가 세상과 우리 자신을 보는 방식에 있어 지속적이고 구석구석 스며드는 부정적인 변화이다. 이 감정적 변화는 우리가 느끼는 절망을 표현하는 각각의 다양한 문제의 증상을 낳는다. 그 증상은 다음과 같다.

- 지속적인 슬픔, 공허함, 절망감, 종종 오랜 시간 동안 울거나 냉담한 금단 현상 또는 불안한 동요에 빠짐

- 무가치감과 낮은 자존감

- 이전에 즐겼던 활동임에도 불구하고 활동에 대한 관심이나 즐거움 상실

- 피로 또는 에너지 손실

- 잠이 들거나 계속 자는데 문제가 있는 수면(불면증) 또는 그 반대, 과수면(과수면증)

- 식욕의 문제(감소 또는 그 반대-강박 또는 폭식)

- 몸이 아프고 통증이 있어 종종 여성이 자신이 저급 바이러스에 감염되었다고 생각하게 함

- 사회적 고립-혼자 많은 시간을 보내고 적극적으로 사람을 피함
- 과도한 죄책감

- 사고력 저하, 우유부단함, 집중력 부족

- 서성거리고, 손을 비틀고, 반복적인 움직임을 포함한 불안한 초조함

- 겉보기에 사소한 좌절이나 장애물에 의해 촉발된 분노와 좌절의 폭발

- 죽음 또는 자살에 대한 반복적인 생각

임상적인 관점에서 볼 때, 이러한 증상들 중 적어도 4가지 이상을 경험하고 있다면, 당신은 우울증으로 진단될 것이다. 증상이 심각하여 대처할 수 없거나 심지어 입원을 초래한다면, 당신은 심각한 우울증 질환을 가지고 있을 수 있다.

당신이 증상이 경미하지만 2년 이상 지속되면 기분 장애,

즉 지속적 우울 장애를 경험할 가능성이 높다. 이 경우 대부분의 경우 공허하고 절망감을 느낄 수 있지만 여전히 제 역할을 할 수 있다.

실제로 Ham-D[정서 및 신체 건강에 대한 해밀턴 조사(Hamilton Survey) 및 벡 우울 척도(Beck Depression Inventory)]는 우울 여부와 우울한 경우 그것이 얼마나 긴급한지에 대한 빠른 조사 결과를 얻기 위해 취할 수 있는 간단한 자가 보고 목록이다. 이것으로 필요한 도움을 받을 수 있다. 디프레션 아웃리치(Depression Outreach) 웹사이트 www.Depressionoutreach.com에서 Hamilton 설문 조사를 온라인으로 찾을 수 있다. 여기에는 자체 채점 절차가 포함된다.

이제 우울증이 얼마나 심각한지 생각해 보라. 여기에 우울증의 세 가지 범주가 있다. 당신은 어디에 해당되는가?

주요 우울증 에피소드 (일상생활에서의 관심 내지 즐거움이 없이 우울 증세가 나타나는 기간을 말한다.–역주)	당신은 위의 우울증 증상에서 기술된 증상 중 적어도 4개 이상을 경험하고 있으며, 당신은 정상적인 활동과 책임을 수행할 수 없게 되었다.
기분 저하증, 또는 지속적 우울 장애	당신의 증상은 더 경미하다. 당신은 불행하더라도 여전히 삶에서 역할을 할 수 있다. 그리고 당신은 적어도 2년 동안 이러한 증상으로 고생하고 있다.
정상적인 우울증	당신의 증상은 훨씬 경미하다. 예를 들어, 당신에게 중요한 사람을 잃는 경우와 같이 갑작스럽고 예상치 못한 상실의 결과이다. 이러한 유형의 우울증은 슬픔의 과정의 자연스러운 부분이며 적절히 슬픈 일이 끝나면 점차 사라질 것이다.

희생의 투쟁

증상은 다양하지만 우울한 여성의 일반적인 주제는 관계를 유지하기 위해 자신의 감정적 욕구를 희생하는 투쟁이다. 이 내부 갈등은 종종 다음으로 표시된다.

● 의존적인 태도,

● 사람들을 기쁘게 하고, 어떤 대가를 치르더라도 평화롭
게 정신적 태도를 취하고,

● 두려움에 이끌려 다니는 수동성.

　이것은 우울한 여성이 종종 스스로를 침묵시키거나 검열
하는 방식에서 볼 수 있다. 대조적으로, 어떤 여성들은 그들
의 관계에서 더 공격적이 되어 종종 그들의 불행에 대해 남
편(또는 친구들)과 맞선다. 그러나 이것은 일반적으로 다른
사람이 저항할 때 그들의 심각한 문제를 심화시키고 불안(및
우울증)을 증가시킨다. 그리고 여러 번, 그들은 통제하고 있
다는 이유로 비난을 받는다.

　여기에서 역할을 하는 것은 공적 관계와 사적 관계에서 여
성의 역할에 대한 문화적 기대이다. 문화는 행복하고 만족스
러운 삶을 살기 위해 무엇이 필요한지에 대한 여성의 개념을
형성하는 데 도움이 된다. 그러나 때때로 이 문화적 가르침
은 모순적인 곡해를 가져온다. 그것은 여성이 자신이 생각하

거나 느끼는 것의 가치를 부정한다는 것을 암시할 수 있다. 갈등을 피하거나 그녀가 너무 강압적이라는 이미지를 피하기 위해 수행되는 경우 특히 그렇다.

슬프게도 그 결과로 생기는 수동성은 원하는 친밀감을 얻는 데 만족스럽거나 효과적이지 않다. 문화적 기대에 따른 책임을 지지 않고 자기주장이 강한 여성이 되는 방법이 있다.

많은 아내들은 남편이 자신에게 관심을 기울이는 유일한 시간이 무엇인가, 보통 성관계를 원할 때뿐이기 때문에 때때로 매춘부처럼 느껴진다고 내게 털어놓았다. 이렇게 말하면서 그들은 억압된 분노와 항복의 수동적인 체념이 뒤섞인 고통스러운 모습을 드러낸다. 그들은 가끔 자신이 너무 가치가 없는 것 같아 낙담한다. 하나님이 그들에게 누군가에게 중요하다고 느끼기를 원하도록 만드셨지만, 삶은 그릇되게 반복해서 그들이 그들의 관계에 있어서 툭하면 없어도 되는 불필요한 존재임을 상기시켜 주었다.

우울증의 경보 장치

우울증은 실제로 무언가 잘못되거나 해를 끼치고 당신의 주의가 필요하다는 것을 말해주는 감정적인 경보 장치이다. 그것은 아마도 생활 현상이나 초기 삶의 경험이 파괴적인 내면 이야기를 만들어 내면서 당신에게 상처를 입혔기 때문에 당신의 내면에서 엉망이 된 무언가일 수 있다.

또는 마사(Martha)처럼 중요한 관계에 문제가 있거나 스트레스 요인이 대처 능력을 압도한다는 신호일 수 있다. 어떤 경우이든, 당신의 우울증은 문제가 당신의 온전한 관심과 행동이 필요하다고 말하고 있다. 그렇지 않으면 장기적인 감정적(때로는 신경학적) 손상을 입을 위험이 있다.

더 나은 대처 기술 개발

직면한 모든 것이 바뀔 수 있는 것은 아니다. 따라서 더 나은 대처 기술을 개발하는 것이 큰 도움이 된다. 그러나 더 중요한 것은 직면하기 전까지는 아무것도 바꿀 수 없다는 것이다. 끓어오르는 문제를 단순히 무시한다고 해서 문제가 사라지는 것은 아니다. 해결하기가 더 어렵고 고통스러울 뿐이다. 부정하는 것은 승리하는 전략이 아니다.

당신의 주의 끌기

우울증은 당신의 관심을 끌기에 충분하다. 그것은 당신의 전체 생각을 가둘 수 있고, 당신은 감정적 고뇌에 몰두할 수 있다. 그러나 이것이 당신이 필요한 변화를 일으키게 만드는 것일 수 있다. 다른 경보 시스템과 마찬가지로 우울증은 지금 도움을 청하도록 유도하여 사용자를 보호하기 위한 것이다. 이런 의미에서 우울증은 당신의 적이 아니라 진정한 당신의 동맹자이다.

주의가 필요한 사항을 당신에게 경보함

우울증의 정서적 경험은 육체적 고통과 어느 정도 유사하다. 고통을 즐기는 사람은 없다. 그럼에도 불구하고 통증은 당신이 가지고 있는 가장 가치 있는 감각 시스템 중 하나이다. 즉각적인 주의가 필요한 사항을 알려준다. 사실 통증에 주의를 기울이면 고통은 당신의 생명을 구할 수 있다.

도움 요청하기

우울증은 삶을 바꾸는 데 영향을 미칠 수 있다. 따라서 도움을 요청할 때를 알 수 있는 신뢰할 수 있는 지침으로 보는 것이 유용하다. 실제로 문제에 정면으로 맞서는 것이 미래의 정신 건강에 중요하다는 것을 기억하라.

좋은 소식과 나쁜 소식

나쁜 소식은 우울증을 행동 촉구로 이해하는 대신 우울증으로 고통 받는 사람들의 거의 3분의 2가 결코 도움을 구하지 않는다는 것이다. 좋은 소식은 대다수의 사람들이 일상생활에서 기본적인 변화를 주도적으로 하거나 다른 사람들에게 새로운 방식으로 반응하는 실험을 함으로써 큰 유익을 얻을 수 있다는 것이다. 그들은 "상대방은 내가 주어진 상황에서 어떻게 반응하기를 기대하는가?"라고 자문할 수 있다. 또는 "나는 이 상황에서 일반적으로 어떻게 반응하는가?" 그런 다음 다른 것을 시도하라.

다른 것을 시도하는 것은 보이는 것처럼 단순하게 보일지 모르지만, 행동을 하는 것은 놀랍게도 변화를 일으키는데 강력하다. 그것은 다른 사람들이 반응에서 다르게 행동하도록 요구하기 때문이다. 그것은 우울한 여성이 새롭고 예상치 못한 방법으로 행동하는 열쇠가 될 수 있다. 놀라움의 요소는 여성의 친구일 수 있다.

물론 필요한 특정 변경 사항을 보다 쉽게 식별할 수 있도록 전문 상담사를 방문할 수도 있다. 또는 정신 건강을 회복하는 데 필요한 작업을 수행하기에 충분한 정신을 고양시킬 수 있는 항우울제를 찾기 위해 주치의의 도움을 구할 수 있다. 실제로 두 가지 모두를 수행하는 것이 유용한 것으로 입증되었다.

우울증의 행동 유형

우울증에는 무기력감, 공허감, 낮은 자존감과 같은 공통적인 특징이 있다. 아래 점검표에 5가지 일반적인 우울증 유형이 있는데, 각각의 특징이 설명되어 있다. 각 특성을 읽으면서 당신은 어떤 유형에 해당되는지 살펴보라. 이 목록은 우울증의 어떤 유형 또는 형태들이 당신을 가장 잘 설명하는지 식별하는 데 도움이 될 수 있다.

1. 의존성 우울증

■ 극심한 불안, 특히 관계 불안에 압도된다.

■ 다른 사람에게 그들의 친구가 되어 달라고 끊임없이 호소한다.

■ 한 위기에서 다른 위기로 질주한다.

■ 무력감에 분개하고 삶이 자신의 능력이나 자원과 일치

하지 않는다고 믿는다.

■ 사람들을 찾아 끊임없이 도움을 요청한다.

■ 감정적으로 다른 사람들을 고갈시키고 도와주려는 사람들을 피로감과 거짓 죄책감의 악순환에 빠뜨릴 것이다.

■ 공포에 사로잡혀 도와주려는 사람들이 그 관계에서 물러나면 포기했다고 비난하게 된다.

얼마 전, 한 여성이 자신의 에너지를 완전히 빨아들인 의존 우울증 친구에 대해 나를 찾아와 불평하였다. 이 여성은 감정적으로 매우 고갈되어(하루에 거의 24시간 동안 우울증 친구가 그녀에게 전화를 걸었다) 그녀 자신도 우울증에 빠졌다. 구조대원으로서 그녀는 다른 사람들의 요구에 취약하다는 데 큰 문제가 있었다. 그녀는 자신의 필요에 주의를 기울이기 위해 의존적인 우울증이 다른 사람들을 달래는 구조대원의 경향을 조종하는 데 정통한 사람이 된다는 것을 어렵게 배웠다.

실제로, 피해자의 사고방식으로 인해 의존성 우울증 환자는 독립적으로 시정 조치를 취하도록 쉽게 설득되지 않는다. 그들은 스스로 할 수 없다고 느끼는 무거운 짐을 다른 사람에게 맡기는 편이 훨씬 낫다고 여긴다.

> "또 내가 너희와 함께 있을 때 비용이 부족하였으되 아무에게도 누를 끼치지 아니하였음은 마게도냐에서 온 형제들이 나의 부족한 것을 보충하였음이라 내가 모든 일에 너희에게 폐를 끼치지 않기 위하여 스스로 조심하였고 또 조심하리라."
>
> ─고후 11:9

2. 불안 우울증

■ 무엇인가에 대해 끊임없이 걱정한다. 일반적으로 최악의 시나리오를 상상한다.

■ 극도의 긴장과 두려움에 맞서 싸우고, 지나치게 경계하지 않으면 재앙적인 일이 일어날 것이라고 믿는다.

■ 일반화된 불안 또는 실제 불안 발작이 있어, 심장 두근거림, 과도한 땀 흘림, 얕은 호흡, 임박한 파멸의 느낌을 경험한다.

■ 종종 그들이 불안 발작을 일으킬 때, 심장마비를 일으킨다고 확신하면서 응급실에 간다.

■ 배우자 또는 친구에게 끔찍하거나 재앙적인 일이 일어나지 않을 것이라는 확신을 지속적으로 구한다.

■ 진정시키기 위해 고안된 약물 자낙스[Xanax-알프라졸람(Alprazolam)은 벤조디아제핀 계열에 속하는 약물로 뇌에서 신경 흥분을 억제하여 불안, 공황장애 등의 치료에 사용된다. 약물 의존성과 오남용 위험이 있어 향정신성 의약품으로 지정되어 있다-역주]와 같은 약을 많이 사용하는 경향이 있다.

■ 공공연히 걱정을 많이 하고 과잉보호하는 경향이 있는 부모가 있었을 것이다.

당신은 불안한 우울증 환자가 많은 불쾌한 경험을 겪었다는 인상을 받을 수 있다. 그러나 일반적으로 그렇지 않다. 대신, 그들은 경계를 부정적인 상황을 방지하는 데 돌린다.

불안한 우울증 환자는 위험하다고 생각하는 것이 무엇이든 스스로를 보호하고 그에 따라 삶을 정리한다. 어떤 안심도 그들의 경계를 완화하지 못할 것이다. 우울증은 종종 모든 잠재적인 해를 피하기 위해 필사적으로 노력할 때 발생한다. 그리고 나쁜 일이 일어나면 재앙으로 보일 것이다.

"너희 염려를 다 주께 맡기라 이는 그가 너희를 돌보심이라."
–벧전 5:7

3. 신체 증상 우울증

■ 일반적으로 시간이 지남에 따라 변하거나 바뀔 수 있는 특정 신체적 증상 또는 다른 증상에 집중하는 강박적인 신체 문제가 있다.

■ 한 의사로부터 다른 의사로 옮겨 다니며, 그들이 쇠약하게 하는 질병으로 고통 받고 있다는 확인을 구한다.

■ 그들은 삶의 책임에 참여하지 않고 그들의 무기력, 나쁜 감정, 아픔, 그리고 고통이 그들의 건강에 관한 드라마를 만드는 핑계를 제공한다고 확신한다.

■ 그들의 우울증을 그들의 몸을 통해 표현한다. 종종 심기증이라고 불린다.

■ 끊임없이, 심지어 필사적으로, 어떤 종류의 개인적인 의미를 찾고 있다.

■ 그들의 근본적인 불안과 우울증에 대해 논의하기보다 신체적 불만에 대해 이야기하고 싶어한다.

■ 종종 심각한 손실이나 심한 스트레스를 받는 사건의 이력이 있다.

얼마 전에 나는 만성 피로 증후군을 앓고 있다고 주장하는 매우 우울한 여성을 치료했다. 그녀는 모든 결정을 내릴 뿐만 아니라 모든 쇼핑과 집안일을 하는 매우 통제력이 강한 남편과 함께 살았다. 그는 그의 아내가 이런 일을 자기 마음에 들도록 할 거라고 믿지 않았다. 그 결과 그녀는 너무 아파서 아무것도 할 수 없다고 말하면서 그녀의 침대로 물러났다.

어느 날 그녀는 기적적인 회복을 주장하며 내 사무실로 활기차게 들어왔다. 분명히 그녀의 남편은 몸이 많이 아파 평소 하던 일을 할 수 없었다. 본질적으로, 그들의 결혼 생활에서 그들은 동시에 두 명의 건강한 사람을 가질 수 없었다. 남편이 아프면서 마침내 그녀는 자유롭게 일어나 하루를 보낼 수 있었다. 이것은 신체 우울증의 좋은 예이다. 그것은 실제로 그녀의 결혼 생활은 갈등을 피하기 위해 한 명만 역할을 하는 배우자를 두기로 하는 그들의 암묵적인 합의가 고의로 파괴되었다는 것을 그녀에게 경고를 하고 있었다.

> "하나님이 우리에게 주신 것은 두려워하는 마음이 아니요 오직 능력과 사랑과 절제하는 마음이다."
>
> —딤후 1:7

4. 분노 우울증

■ 일반적으로 다른 사람에 대해 짜증을 내고 화를 낸다.

■ 특히 누군가에게 분노를 터트린 후, 그들 자신에게 직접 분노를 표출한다.

■ 그들의 대화를 깊은 비관론으로 채워서, 삶의 사건을 암울하고 파멸로 묘사한다.

■ 그들의 집(때로는 직장)을 지뢰밭처럼 만들고 모두가 다음 폭발을 기다리게 만든다.

■ 함께 살기가 어렵다.

■ 한순간 분노에서 충동적으로 휘청거리며 다음 순간 후회하거나 자기 질책을 한다.

■ 다른 사람들이 자신의 삶을 어렵게 만들고 있다고 믿고 자신의 문제에 대해 끊임없이 다른 사람이나 상황을

비난한다.

■ 행복한 사건을 가혹한 경험으로 바꾸는 방법을 강구한다.

■ 거의 즐거워하지 않는다.

■ 그들의 가족이 주변에서 생활을 정리할 수 있는 환경을 조성하고, 그들을 화나게 하지 않기를 바란다.

■ 부정적인 사건들이 얼마나 그들을 우울하게 만드는지 알지 못한 채, 모든 부정적인 사건들에 초점을 맞춘 뉴스 나 토크쇼를 보거나 듣는다.

"사람이 성내는 것이 하나님의 의를 이루지 못함이라."

−약 1:20

5. 내향적인 우울증

■ 종종 삶에 대한 냉담한 무관심이 특징이며 그들에 대해

일종의 체념된 특성을 가지고 있다.

■ 가능한 한 사람들을 피하고 혼자 있는 것을 선호한다.

■ 대화를 거부하고 혼자 방으로 은둔할 가능성이 높다.

■ 자신의 삶에서 부정적인 모든 것을 되새기려고 한다.

■ TV 앞에서 식물을 기르거나 몇 시간 동안 비디오 게임
을 하는 것과 같이 반복적이고 정신적으로 분리된 혼자
의 활동에 참여한다.

■ 다른 가족들에게 그들의 방을 발끝으로 살금살금 지나
가라, 조용하라, 혼자 내버려 두라 등을 말함으로써 그들
에게 공간을 주도록 가르친다.

"서로 돌아보아 사랑과 선행을 격려하며 모이기를 폐하는
어떤 사람들의 습관과 같이 하지 말고 오직 권하여 그 날이
가까움을 볼수록 더욱 그리하자."

-히 10:24-25

공통의 맥락

불안은 많은 우울증의 강력한 구성 요소이다. 불안은 실제로 우울증에 선행하는 경우가 많다. 그것은 삶의 도전에 대처하는 것에 대한 기본적인 불안을 반영하는 신호이다. 그것은 종종 감정적으로나 육체적으로 상처를 받을까 두려워서 발생한다.

불안은 종종 감정적으로나 육체적으로 상처를 받을까 봐두려워서 발생한다.

사람들은 자신이 중요하지 않다고 느낄 때, 즉 자신이 생각하고 느끼거나 믿는 것이 무효화되거나 중요하지 않은 것으로 무시될 때 특히 상처를 받는다. 불안은 상처받는 것에 대한 두려움일 수 있지만 분노는 실제로 상처를 입는 데 대한 가장 일반적인 반응이다. 종종 우리는 (우리를 취약하게 만드는) 상처를 공개적으로 인정하고 싶지 않기 때문에 공격을 계속한다. 이 반응은 부분적으로 우리가 우리 자신을 보호하기 위해 세운 벽이다.

성별에 따른 차이

　이러한 다양한 우울증 유형은 성별에 따라 차이가 있다. 대신 일부에서는 여성이, 다른 일부에서는 남성이 우세하다. 임상 경험에 따르면 여성은 의존성 우울증과 불안 우울증을 나타낼 가능성이 더 높으며 성별 표현은 신체 우울증에서 거의 동일하다는 것을 보여 주었다. 의존적 우울증과 불안 우울증은 여성들의 독특한 생물학적 특성, 과거의 학습과 경험, 여성들의 역할에 관한 문화의 미묘한 교훈, 그리고 여성들에게 공통적인 갈등의 본질과 가장 잘 맞는 것 같다.

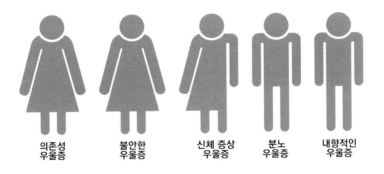

의존성
우울증　　불안한
우울증　　신체 증상
우울증　　분노
우울증　　내향적인
우울증

우울증 표현의 성별 차이 요약

남성들은 다음과 같은 가능성이 높다	여성들은 다음과 같은 가능성이 높다
다른 사람을 비난하고, 화를 내며, 동요하는 행동을 보인다.	죄책감을 많이 보이고, 무가치하고 극도로 슬퍼하며 자주 운다.
움츠러들거나 허세 부리는 모습 뒤에 그들의 우울함을 숨긴다.	그들의 절망과 가망 없음을 공개적으로 표현한다.
무력감과 통제력 부족, 부적절함의 문제를 느낀다.	불안의 문제와 함께 외로움과 불안의 감정을 표현한다.
갈등과 대립을 유발하며, 종종 매우 방어적이고 불신감을 느낀다.	갈등과 대립을 피하고 종종 다른 사람들에게 지나치게 맞춰준다.
약물 남용, TV, 스포츠 강박관념 또는 혼외정사를 통해 대처한다.	친구, 음식 또는 낭만적인 책과 영화에 자신을 쏟아부어 대처한다.
배우자와 자녀를 등한시하거나 스트레스 요인으로 여기며 자신만의 세계에서 살아간다.	다른 사람들과 의존적인 관계를 발전시키거나 건강 문제에 주의를 집중한다.
많은 비관과 조바심이 있다.	많은 불안과 혼란이 있다.
도움을 구하는 것을 저항하고 그것을 약점을 인정하는 것으로 간주한다.	그들의 고통에서 벗어나기를 바라는 마음으로 더 빨리 도움을 구한다.

혼자 있는 것에 대한 두려움을 가라앉히기 위해 빨리 재혼함으로써 배우자의 상실(이혼 또는 사망으로 인한)을 처리한다.	독립적인 생활을 위해 더 발전된 생활 기술을 사용하여 배우자의 상실에 대처한다.

 이러한 요인을 더 잘 이해하면 여성에게 우울증이 만연한 이유와 삶의 스트레스 요인에 대처하는 방식에 대한 더 넓은 전체적인 실태를 얻을 수 있을 것이다.

2장

생물학적 특성과 우울증

"여성이 알아야 할 두 번째는
여성의 특정한 생물학적 특성은
여성을 우울증에 취약하게 만든다."

　여성들은 남성들보다 우울증의 특정 증상을 더 자주 경험한다. 그러나 오직 성별만이 우울증과 관련되는 것은 아니다. 남성들은 불행의 원인을 외부화할 가능성이 더 높지만 여성들은 불행의 원인을 내부화하는 경우가 더 많다. 즉, 남성들은 자신의 문제를 남의 탓으로 돌리고 여성들은 자신을 탓하는 경향이 있다.

그 과정에서 그들은 극심한 슬픔과 무력감을 느끼고 압도적인 불안을 관리하려고 노력한다.

● 갈등을 피함으로써

● 섭식장애, 지나친 사교, 사람을 기쁘게 하는 것으로 절망을 위장함으로써

● 우울해지고 부정적으로 자기 강박관념에 사로잡힘으로써

여성의 우울증 증상의 대부분은(전부는 아니지만) 호르몬 요인의 영향을 받는다.

여성의 신체

아이를 가질 수 있는 능력과 함께 배란, 임신, 출산 및 폐경을 수반하는 호르몬 변동이 온다. 이러한 변동은 일시적이긴 하지만 여성들의 신체적, 정서적 복지 감각의 주요 변화

를 나타낸다. 다음은 여성들의 정신 건강에 가장 중요한 우울증의 생물학적 결정 요인들이다.

시상하부(視床下部)의-뇌하수체-부신(HPA) 축

여성들은 남성들보다 우울증을 더 많이 나타낼 뿐만 아니라 불안 장애를 가질 확률이 2배 더 높다. 뇌 과학의 차이는 적어도 이러한 차이의 적어도 일부를 설명할 수 있다. 예를 들어, 우리는 투쟁-도피(또는 동결) 반응(시상하부-뇌하수체 부신[HPA] 축이라고 함)을 담당하는 뇌 시스템이 남성들보다 여성들에게서 더 빨리 활성화되고 더 오래 활동한다는 것을 알고 있다. 이것은 중추신경계에 대한 에스트로겐(Estrogen-여성의 주요한 성호르몬으로 2차성징의 발달, 월경주기와 기능 조절, 임신에 관여하는 스테로이드 계열의 호르몬이며 혈액과 소변에서 측정된다. 에스트로겐 수치의 측정은 난소기능 평가와 성조숙증, 뇌하수체 기능저하증의 진단, 다낭성 난소증후군, 자궁내막증, 난소 종양 등의 부인과 질환의 진단에 활용될 수 있다-역주)과 프로게스테론(Progesterone- 체내에서 분비되는 여성호르몬으로 주로 난소에서 월경주기 후반에 황체로부터 분비되고 부신 피질과 임신 중에는 태반에서도 분비된다. 프로게스테론은 자궁을 임신에 적합하게 준비시키고 임신을 유지하는 데 중요한 역할을 한다-역주)의 호르몬 작용의 결과로 여겨진다.

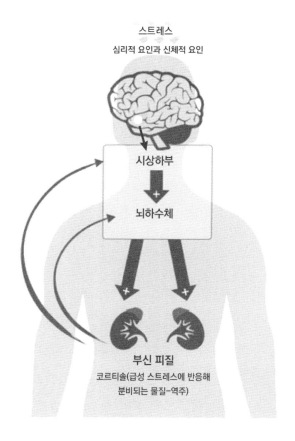

스트레스
심리적 요인과 신체적 요인

시상하부

뇌하수체

부신 피질
코르티솔(급성 스트레스에 반응해
분비되는 물질-역주)

세로토닌(Serotonin-혈액이 응고할 때 혈소판으로부터 혈청 속으로 방출되는 혈관수축작용을 하는 물질-역주)

신경 전달 물질(Neurotransmitter)인 세로토닌(Serotonin)은 기분 조절에 관여하며 우울증뿐만 아니라 스트레스와 불안에 대한 반응에도 역할을 할 수 있다. 최근 증거는 여성의 뇌가 남성의 뇌만큼 빠르게 세로토닌을 처리하지 않는다는 것을 시사하며, 이는 남성과 여성이 삶의 환경에 감정적으로 반응하는 다양한 방식을 밝힐 수 있다.

수면 문제

신경 전달 물질인 세로토닌(Serotonin)은 당신이 겨울의 어두운 날에 우울해지는 장애로 계절적 정서 장애(SAD)와 관련이 있다. 여성들은 남성들보다 SAD를 경험하기 쉽다. SAD는 또한 주어진 하루 동안의 신체적, 정신적, 행동적 변화와 같은 24시간 주기 리듬을 조절하는 데 어려움을 수반한다. 일주기 리듬은 수면 주기, 호르몬 분비, 체온 및 기타 중요한 신체 기능에 영향을 미친다. 세로토닌은 멜라토닌 합성의 전구체(Precursor-어떤 물질에 선행하는 물질-역주) 이다. 멜라토닌은 밤이 깊을 때 송과선(Pineal gland-척추 동물의 뇌에 있는 작은 내분비기관-역주)에서 분비되어 수면을 촉진한다. 여기에서 방해를 받으면 잠을 잘 자는 데 영향을 미칠 것이다.

비정형 우울증

남성보다 여성이 비정형 우울증을 앓는 경우가 더 많다. 전형적인 우울증에서 발생하는 수면과 식사량을 줄이는 대신, 비정형 우울증에 걸린 사람들은 과도하게 잠을 자고 과식한다. 음식을 먹으면 세로토닌 수치가 증가하여 기분이 좋아지는 것으로 알려져 있다. 이것이 많은 사람들이 우울증을 자가 치료하기 위해 음식을 사용하는 이유이다.

여성과 호르몬

정서적 반응에서 가장 큰 성별 차이는 호르몬 자체의 직접적인 영향, 즉 월경 전 문제, 임신 합병증, 산후 우울증, 폐경 전후 증후군(여성의 노화 또는 질병에 의해 난소기능이 쇠퇴하면서 폐경과 관련된 심리적, 신체적 변화를 겪는 시기-역주) 및 폐경, 기타 건강 문제에서 발견된다.

월경 전 장애

월경 주기 동안 호르몬 변동은 팽만감, 과민성, 불안, 가벼운 우울증 및 기분 불안정을 유발할 수 있다. 월경 중인 여성의 약 20-40%가 중간 정도의 변동을 경험한다. 더 적은 수의 여성(2-10%)은 월경 전 불쾌 장애(PMDD)의 특징인 심각하고 장애를 일으키는 감정적 증상을 보인다. 이러한 증상은 다음과 같다.

● 절망

● 공황 발작

● 분노 폭발

- 삶에 대한 무관심

- 집중하기 어려움

- 수면 장애

- 통제 불능 느낌

월경 전 불쾌 장애(PMDD)로 고통받는 여성들은 너무 손상되어 잠시 입원할 수도 있다. 이것은 다음과 같이 예방할 수 있다.

- 적절한 상담(특히 긍정적 수용과 인지행동치료)

- 규칙적인 유산소 운동

- 식이 변화(염분, 지방이 많은 음식, 카페인, 알코올 섭취 감소 등)

- 비타민 B6, 칼슘, 마그네슘, 비타민 E와 같은 보충제

섭취

● 건강한 수면 습관 개발

● 이완 기술 연습(이완 기술은 종종 광범위한 스트레스 관리 프로그램의 한 요소로 사용되며 다른 건강상의 이점 중에서 근육 긴장을 줄이고 혈압을 낮추며 심장 및 호흡 속도를 늦출 수 있다-역주)

임신 호르몬

10-15%의 여성이 임신 중에 임상적 우울증을 경험한다. 기분 장애의 병력이 있는 여성은 3배의 위험이 있다. 에스트로겐(Estrogen-주로 동물의 난소 안에 있는 여포와 황체에서 주로 분비되며, 태반에서도 분비되어 생식 주기에 영향을 주므로 여성호르몬으로 알려져 있다-역주)과 프로게스테론(Progesterone-체내에서 분비되는 여성호르몬으로 주로 난소에서 월경 주기 후반에 황체로부터 분비되고 부신 피질과 임신 중에는 태반에서도 분비된다. 자궁을 임신에 적합하

게 준비시키고 임신을 유지하는 데 중요한 역할을 한다-역주)의 급격한 증가는 아이를 낳는 데 필요하지만 기분 안정을 파괴할 수도 있다.

지식이 있는 사람에게 필요한 도움과 지원을 구하는 것이 현명하다. 사회 활동에 계속 참여하고 자신의 세계에 깊이 몰입하지 않는 것도 중요하다. 친구에게 함께 가자고 하여 규칙적인 운동(걷기 등)을 사회적 경험으로 만들 수 있다.

지식이 있는 사람에게 필요한 도움과 지원을 구하는 것이 현명하다.

임신 중 우울증의 위험 증가는 우울증 병력이 있는 사람에게만 국한되지 않는다. 나이가 어리거나, 혼자 살거나, 심각한 부부 갈등을 겪거나, 임신이 불확실한 경우(아마도 이전 유산 때문에) 우울해질 확률이 높아진다. 각각의 경우 임신 중(또는 임신 후) 자신을 돌보지 못할 위험이 있으며, 이는 당신과 자녀의 건강 모두에 영향을 미칠 수 있다.

산후 우울

아이를 낳은 후 엄마는 기쁨 대신 기분이 우울할 수 있다. 산모의 80%가 산후 우울을 경험한다. 짧은 기간(몇 주 안에 가라앉음)은 경미한 기분 변화로 인해 슬픔과 과민 반응을 일으키기 쉽다. 이러한 감정은 정상이며 빨리 지나갈 것이다. 이는 신체가 호르몬 수치를 재조정한 결과이다.

두 부모 모두의 새로운 생활 방식 변화로 상황이 더욱 복잡해진다.

● 어린 유아를 돌보는 것과 관련된 스트레스 요인

● 수면 스케줄의 변화로 인한 피로

때로는 이것이 결혼 생활에 대한 좌절과 갈등으로 이어진다. 예를 들어, 당신의 남편은 섹스를 원하지만 당신은 너무 지쳤다. 아기가 태어난 후에는 이것과 다른 것들이 쉽게 잘못될 수 있다. 그렇기 때문에 다음 사항을 고려하는 것이 좋다.

● 주제 파악하기

● 다른 젊은 부모들과 이야기하기

● 자녀를 갖기 전에 남편과 기대에 대해 의논하기

출산에 따른 호르몬 수치의 변화는 출산의 약 15%이며, 일부 여성의 경우 비교적 심각한 임상적 우울증을 유발할 수 있다. 산후 우울증이라고 하는 말을 들어본 적이 있을 것이다. 이것은 종종 집중적인 치료와 입원을 필요로 한다. 한 번 산후 우울증을 경험한 여성은 다시 우울증에 걸릴 위험이 70%에 이른다. 매우 드문 경우라도 이러한 가능성에 주의를 기울이면 당신 또는 당신의 배우자에게 무슨 일이 일어나고 있는지 깨닫고 당신이 필요로 하는 도움을 받을 수 있어야 한다.

폐경기의 변화

폐경기는 폐경으로의 전환이며, 40대 초중반에 발생하며

50대까지 확장되고 있다. 삶의 이 단계에서, 여성의 몸은 생식 능력을 멈추고, 또 다른 호르몬 변화를 필요로 한다. 에스트로겐의 양이 현저히 감소함에 따라 호르몬 수치가 상당히 불규칙적으로 변동할 수 있다. 불규칙한 기분 변화와 함께 작열감(Hot flashes-갑자기 상체에서 열이 나는 느낌으로 얼굴이 빨갛게 달아오르거나 뜨거워지는 느낌이 들고 땀이 나고 현기증이 나는 증상-역주)이 나타날 가능성이 높다.

많은 여성들에게 인간 관계는 삶을 진정으로 가치 있게 만드는 유일한 것이다.

갱년기 증상을 경험하는 대부분의 여성은 중등 정도의 과민성, 피로 및 기분 변화가 있을 수 있지만 깊은 우울증으로 발전하지 않는다. 그러나 우울증의 병력이 있거나 자궁적출 수술 후 갑자기 폐경이 시작된 여성의 경우 이 시기가 특히 취약하다.

건강 외상

　남성들과 마찬가지로 여성들도 만성 질환, 부상 또는 장애로 심리적 영향을 받는다. 이러한 문제가 외모에 상당한 영향을 미친다면 특히 충격적이다.

　건강 트라우마(Traumas-강력한 정신적 충격으로 인해 발생하는 정신 건강 질환-역주)를 처리해야 하는 남성들은 기능 상실과 적절성이 떨어지는 것에 신경을 쓰는 경향이 있다.

　반면 만성 질환이나 장애가 있는 여성은 외모를 꾸미는 것으로 인해 고통을 더 받는다. 이것은 그들의 허영심에 관한 것이 아니라 오히려 그들이 인지한 매력의 상실에 관한 것이며, 관계의 기회를 감소시킨다. 많은 여성들에게 인간 관계는 삶을 진정으로 가치 있게 만드는 유일한 것이다.

우울증의 의학적 요인

다음은 다양한 만성 질환과 관련된 우울증 비율이다. *

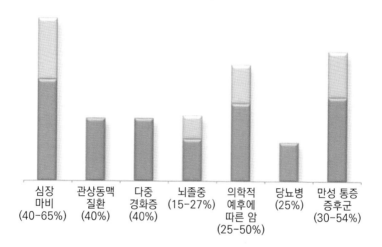

당신이 보다시피, 일반적인 의료 사건은 사람의 복지 감각에 깊은 정서적 영향을 미칠 수 있다. 이러한 통계는 남성들과 여성들에게 동등하게 적용된다. 사람들은 위기가 절정에 달했을 때 필요한 의료 조치를 받는 데 상당히 능숙하

---

* "만성 질환과 우울증", 클리블랜드 클리닉. http://my.clevelandclinic.org/
health/articles/chronic-illness-depression

지만 나중에 의사의 지시를 따를 때 덜 경계하는 경우가 많다. 그러나 드물게 그들은 그들의 질병과 관련된 새로운 한계에 더 잘 대처하기 위한 상담의 필요성에 많은 관심을 기울이지 않는다. 비현실적인 기대로 무장한 그들은 더욱 낙담할 뿐 아니라 완전한 우울증에 빠질 수도 있는 좌절에 대비하고 있다.

위안을 주는 존재가 얼마나 중요한지 다른 사람들에게 알리라.

종종 악순환이 시작된다. 그들은 그들의 건강 상태의 좌절스러운 제한을 받아들이는데 어려움을 겪고 우울해진다. 이것은, 그들의 의학적 치료가 가능한 것보다 덜 효과적이게 만들고, 그 결과, 훨씬 더 큰 우울증을 초래한다. 이 순환의 자기 파괴적인 특성은 앞으로 나아갈 길이 급격히 내리막으로 이어질 것이라는 것을 거의 보장한다.

이유가 밝혀지지 않은 설명

때때로 우울증은 갑자기 찾아오는 것 같다. 이것은 우울증이 생물학적 원인에 의해 유발되었음을 의미할 수 있다. 예를 들어, 양극성 장애(조울증 및 우울 단계가 있음)에는 약물의 조합이 필요하다. 때때로 이 장애는 단순한 우울증으로 오인되고 항우울제가 처방된다. 그러나 이 경우 항우울제만 투여하면 조울증 에피소드(Manic episode-어떤 사람이 동요하고, 흥분하고, 성급하고, 초조한 태도로 행동하며 도취되고, 단언하고, 수다를 떨고, 과다활동을 보이는 시기를 지칭하는 용어를 말한다. 이 단계에 개인의 판단력과 주의력은 최소화하고 종종 다른 사람들과 갈등을 일으킨다-역주)의 가능성이 증가하므로 피해야 한다. 따라서 약물 치료를 시작하기 전에 정확한 진단을 받는 것이 중요하다.

치유의 존재

위안을 주는 존재가 당신에게 얼마나 중요한지 다른 사람들에게 알리라. 그들은 당신이 지혜를 구하는 것이 아니라 동정심과 육체적 교제를 구한다는 것을 알아야 한다. 이것이 구약과 신약의 기록자들이 상처를 받은 사람들의 필요를 돌보는 것에 관해 이야기할 때 염두에 두었던 것이다. 그것은 단지 사람들에게 음식과 쉼터를 제공하는 것을 의미하지 않았다. 그것은 그들의 상처(신체적, 정서적)를 묶고 돌보는 것을 의미했다. 이는 기독교적 사랑의 전형이다.

2부

삶의 예상치 못한 일

3장

초기 가족력의 중요성

"여성이 알아야할 세 번째는 여성이
아버지 부재와 성적 학대의 우울한 영향과
그러한 경험이 다른 사람을 신뢰하는 능력에
어떻게 영향을 미칠 수 있는지에 대해 다루어야 한다."

마가렛(Margaret)은 남편을 유혹하려고 하는 다른 여성에 대해 눈에 띄게 화가 난 상태로 내 사무실에 들어왔다. 그녀는 결혼 생활에 대해 매우 불안했고 남편이 그녀를 떠날까봐 두려웠던 것 같다. 그가 지금 그녀를 잘 대하지 않고 그들의 관계가 논쟁의 여지가 있다는 사실은 결혼 생활을 보호하려는 그녀의 시도를 약화시키지 못했다.

이 모든 상황에서 남편의 행동에 대해 어떻게 생각하는지 묻자 그녀는 "제가 할 수 있는 게 별로 없다고 생각했는데, 어쨌든 짐(Jim)이 저와 결혼했어요."라고 고백했다.

그녀는 계속해서 자신이 아직 어린 소녀였을 때 그녀의 아버지가 온 가족을 학대했고 어머니와 이혼했다고 말했다. 그녀는 자신이 더 나은 아이였다면 그가 그렇게 되지도 않았고 가족을 떠나지도 않았을 것이라고 확신했다. 그녀는 자신을 사랑스럽게 여기는 사람이 별로 없다고 믿었고 그녀는 먼저 아버지에게, 그 다음에는 남편에게 학대를 받을 자격이 있다고 믿었다.

모든 여성은 자신의 초기 가족력이 삶과 관계에 대한 자신의 견해에 어떤 영향을 미치고 왜곡하는지 알아야 한다.

비슷하게 기능 장애를 일으키고 아버지가 없는 가정에서 자란 많은 여성들은 버림받는 것에 대한 두려움, 자기 혐오감, 질투와 소유욕에 대한 투쟁을 똑같이 나타낸다. 많은 사람들이 약물 및 알코올 문제와 씨름하고, 학교 성적이 좋지 않으며, 우정을 유지하는 데에도 문제가 있다고 보고한다.

모든 여성은 자신의 초기 가족력이 삶과 관계에 대한 자신의 견해에 어떤 영향을 미치고 왜곡하는지 알아야 한다. 그러면 그녀는 혁신적인 변화를 일으킬 수 있는 위치에 있는 것이다. 이것은 본질적으로 당신의 결혼 생활에서 건강한 유대를 형성하기 위해 부모를 떠나는 것에 대해 예수님이 말씀하신 의미이다(마19:5). 그분은 당신의 가정에서 작동하지 않거나 정서적 건강에 해를 끼치는 규칙을 없애는 것을 포함하는 정서적 해방에 대해 말씀하시고 계셨다.

아버지 요인

사랑 없는 아버지 또는 아버지가 없는 양육이 당신에게 미칠 수 있는 궁극적인 영향은 주로 다음과 같은 몇 가지 요인에 달려 있다.

● 당신의 성격 특성(일반적으로 낙관적이거나 비관적이거나 내향적이거나 외향적인 경향이 있는지 포함)

● 가정환경과 아버지의 행동에 대한 어머니의 반응

● 당신의 아버지의 감정적 또는 육체적 부재의 까닭

● 이 상황에 대한 형제자매의 반응

● 삼촌이나 할아버지 같은 다른 아버지 인물들의 가용성

　당신이 일반적으로 낙관적이며 사회적 참여를 추구한다면, 아마도 가족 외부에서 양육의 다른 출처를 찾을 가능성이 높아져 아버지의 부재로 인한 영향을 줄일 수 있다. 반면에 당신이 내성적이고 비관적이라면 자기혐오에 빠질 가능성이 더 크다.

아버지 부재의 영향

　아버지의 부재가 죽음으로 인한 것이라면 딸은 아버지를 이상화하는 경향이 더 높다는 연구 결과가 있다. 그러한 경우에는 누구도 자신의 기대나 표준에 부응할 수 없다.

　반면에, 아버지의 부재가 정서적 거리감 또는 이혼으로 인

한 것이라면, 여성은 남성의 관심을 구하는 데 더 공격적이고 심지어 절망적일 가능성이 높다. 연구에 따르면 이혼이나 버림 때문에 아버지를 잃은 여성들은 행복하고 온전한 가정의 소녀들보다 남성들에게서 훨씬 더 많은 관심을 받는다는 것을 일관되게 보여 주었다. 그들은 또한 남성들을 유혹하기 위해 몸을 더 많이 사용하는 경향이 있다. 이것이 그들이 난잡하고 종종 십대 엄마가 될 가능성이 더 높은 한 가지 이유이다. 그들은 자신의 몸이 유일한 가치라고 믿는다. 순간적인 해결책일 뿐이지만, 이 여성들은 이러한 자기 파괴적인 행동을 계속할 것이다. 그것이 변화에 저항할 수 있도록 외로움을 충분히 덜어주기 때문이다.

이혼 가정의 소녀들은 남성들을 두려워하고 원망하며, 이는 아버지에 대한 어머니의 분노와 원망으로 확인된 감정이다. 이혼한 어머니의 대다수가 자녀 양육권을 갖고 있기 때문에 아버지가 없는 가정은 단연코 이혼의 가장 흔한 결과이다. 그러면 아버지의 적극적인 참여와 영향력이 사라진다.

이 모든 것의 결과는 우울증일 가능성이 높다. 탈출구는 당신이 정말로 찾고 있는 것과 그것을 찾는 이유를 이해하는 것이다. 정서적으로 멀리 떨어져 있거나 육체적으로 부재한 아버지와 아마도 분개하는 어머니로 인해 손상된 자신과의 관계를 먼저 회복해야 한다. 당신이 자신에 대해 스스로 하는 거짓말이 어떻게 학습되어 자신에 대한 새로운 우울증을 얻게 되었는지 알아야 한다.

또는 버림받는 것이 두렵다면 남성과 지속적인 관계를 형성하는 데 계속 어려움을 겪을 것이다. 일반적으로 결혼은 이 방정식을 바꾸지 않는다. 아버지가 없는 소녀들 사이의 불균형적으로 높은 이혼율에서 알 수 있듯이 그러한 두려움은 행복한 관계에 필요한 신뢰를 불안정하게 만들 것이다.

두려움의 근원과 자기 파괴적인 행동 사이에 점을 연결하지 않으면 이 고통스러운 패턴을 계속해서 반복하게 될 것이다. 소망은 다른 사람의 실수에 대한 대가를 요구하지 않는 사람들과 함께 할 수 있다는 사실을 깨닫는 데 있다.

성적 학대 문제

　전체 여성의 약 3분의 1이 어린 시절이나 청소년기에 성적 학대를 받은 경험이 있다. 그리고 그것은 단지 보고된 것 뿐이다. 학대에는 가족, 사랑하는 친척, 이웃 또는 낯선 사람이 포함될 수 있다. 대부분의 학대는 어린 시절에 발생하며 근친상간이 가장 일반적으로 보고되는 문제이다. 어머니의 남자친구가 집에 살 때에도 흔히 일어나는 일이다.

　그 영향은 다양할 수 있지만 이러한 종류의 학대의 결과는 일반적으로 우울증과 불안이다. 정서적으로 자신을 보호하기 위해 생존자들은 종종 분리하는 것으로 대처한다. 즉, 그들에게 일어난 일의 현실을 피하기 위해 "그들은 머리 속에서 다른 곳으로 갔다".

　소망은 당신이 다른 사람의 실수에 대한 대가를 요구하지 않는 사람들의 집단에 합류할 수 있다는 사실을 깨닫는 데 있다.

　이 분리는 처음에는 도움이 되었지만 기억을 촉발할 때까지 이러한 사건을 의식하지 못하도록 숨길 수 있다. 예를 들어, 내가 함께 일했던 한 여성은 그녀가 경험한 것과 섬뜩할 정도로 유사한 학대 장면을 묘사한 영화를 보다가 극장에서 멘붕이 되었다.

치료사들은 새로 발견된 기억에 대한 논의에서 내담자를 이끌지 않도록 주의해야 한다. 당신이 과거 학대에 대한 숨겨진 기억을 찾고 있다면 당신이 필요한 마지막 것은 다른 누군가가 문제가 되는 세부 사항을 제안하는 것이다. 이러한 세부 정보는 실제가 아닐지라도 당신은 사실로 받아들일 수 있다. 이것은 실제로 문제를 무한히 악화시킬 수 있는 거짓 기억 증후군을 일으킬 수 있다.

아동 학대의 생존자와 성인 폭행의 생존자는 극복하기 어려운 트라우마를 겪는다. 많은 여성들이 다른 사람들이 거의 이해하지 못하는 과민증에 대한 관계에서의 투쟁을 추적할 수 있다.

● 그것은 신뢰를 저해한다.

● 그것은 친밀감에 대해 두려워하게 만든다.

● 그것은 당신이 성인이 되어 다른 학대적인 관계에 들어 가는 것을 취약하게 만든다.

● 경계가 심각하게 손상되어 다른 사람들이 당신을 이용 하거나 조작할 수 있다.

● 무엇보다 죄책감과 수치심에 휩싸여 은신처로 숨거나 거짓된 행동을 하게 만든다.

죄책감과 수치심은 당신에게 행한 일의 부당함에서뿐만 아니라 성적 쾌락에 대한 덧없고 자연스러운 감정에서도 올 수 있다. 이러한 감정은 전체 경험을 정신적, 정서적으로 거 부했음에도 불구하고 발생한다. 이러한 감정은 용납될 수 없 기 때문에 자기 거부가 빠르게 뒤따를 수 있으며 이후의 모 든 관계에 부정적인 영향을 미칠 수 있다. 우울증이 학대받 는 사람들 사이에서 흔히 볼 수 있는 동반자라는 것은 놀라 운 일이 아니다.

학대 이력의 장기적인 영향은 성기능에도 영향을 미칠 수 있다. 다음과 같은 여러 결과 중 하나를 경험할 수 있다.

- 성생활에 대한 무관심, 당신의 결혼 생활에 큰 영향

- 성생활을 의무로 봄

- 특정 종류의 접촉에 대한 거부감과 혐오감

- 성생활 중 정서적 이탈 및 어려움을 유발

- 성적 행동의 특정 측면에 대한 강박, 자발성 방해

증상이 무엇이든 건강한 성생활에 해로울 수 있다. 남편의 실망과 분노로 인해 남편은 연인으로서 실패했다고 생각하고 물러나거나 거절당했다고 생각하며 맹렬히 비난할 수 있다. 어느 쪽이든, 그의 반응은 일반적으로 여전히 우울증과 자기 거부의 또 다른 원인이 된다.

당신은 다음과 같은 것을 하는 것이 중요하다.

● 어린 시절에 당신에게 강요된 규칙에 따라 살 필요가 없다는 것을 깨닫고, 당신의 삶의 사건들에 대한 통제력에 대한 당신의 의식을 강화시킬것.

● 이 학대에 대한 책임을 가해자에게 부과하는 것.

두 번째 기회

하나님의 도우심으로 당신은 어린 시절 당신의 길을 가로질러 닥친 악에서 벗어날 수 있다. 예수님은 가장 약한 시험의 순간에도 사탄을 이기셨다는 것을 보여주셨다(마 4:1-11). 예수님은 지상 사역에서 배신당하고 신체적 학대를 당하고 사회의 나머지 사람들과 조화를 이루지 못하고 널리 미움을 받는 것이 어떤 것인지 알고 계셨다. 그러나 그분은 또한 하늘에 계신 아버지를 신뢰함으로 삶에서 가장 두려운 순간을 견딜 수 있다는 것도 알고 계셨다.

예수님은 학대하거나 무관심하거나 오랫동안 반응하지 않는 사람과는 달리 자기 자신을 사랑하고 보살피는 부드러운 아버지에 대해 말씀하신다. 하나님은 당신에게 인생의 두 번째 기회를 주신다. 당신 자신에 대한 생각을 집어삼킨 거짓의 속박에서 벗어나라. 우리는 우리의 죄나 과거가 아니라 하나님의 은혜와 자비에 대한 믿음으로 정의된다. 당신은 그분의 창조물의 자녀이며 앞으로도 그럴 것이다. 따라서 궁극적인 가치가 있다. 당신은 주저 없이 당신을 사랑하는 누군가의 아버지가 될 기회가 있고, 똑같은 아버지의 사랑으로 구원받은 다른 가족과 합류할 기회가 있다.

때로는 새로운 방식으로 생각하는 것보다 새로운 사고 방식으로 행동하는 것이 더 쉽다.

당신이 그리스도를 구세주로 영접하기로 결정한 것처럼, 그분에 대한 당신의 헤아릴 수 없는 가치의 위안을 받아들일 수 있다. 그것은 메시지가 머리뿐만 아니라 마음에 스며들도록 그분의 말씀을 묵상하는 것을 의미한다.

그것은 또한 당신이 메시지를 진정으로 믿었다면 어떻게 다르게 행동할 것인지 스스로에게 질문하고 의심에도 불구하고 그렇게 행동하는 것을 의미한다. 때로는 새로운 방식으로 생각하는 것보다 더 빨리 새로운 사고 방식으로 행동하는 것이 더 쉽다.

성공의 희생자

완벽주의는 많은 경우 우울증을 유발한다. 완벽주의자는 성공을 실패의 전조로 여기므로 결코 성공을 즐길 수 없다. 완벽주의자는 승리의 느낌이나 겸손함조차 인정하지 않는다. 때로는 새로운 방식으로 생각하는 것보다 새로운 방식으로 행동하는 것이 더 쉽다. 삶은 엄격하고 율법주의적이며 흑백으로 보인다. 판에 박힌 일과는 확정되어 있다. 변화를 시도하는 모든 시도에는 큰 저항이 따른다.

그러한 완벽주의는 두려움에 의해 유발된다. 완벽주의자는 모든 것을 통제하지 못하면 재앙이 닥칠 것을 두려워한다. 그들이 어렸을 때 완벽주의자들은 그들에게 일어난 일에 대해 거의 또는 전혀 통제할 수 없었고 나쁜 일이 일어났다. 내면 깊숙한 곳에서 그들은 자신이 통제할 수 있을 때만 좋은 일이 일어날 것이라고 믿는다.

여성들에게 완벽주의는 다음과 같은 특징이 있다.

- 집을 정리한다.

- 어떤 종류의 어수선함도 용납하지 않는다.

- 예상치 못한 일에 대처한다.

- 실망에 대처한다.

- 자신의 세계에서 질서를 유지하기 위해 다른 사람들을 통제하려고 시도한다.

그들은 일을 하는 특정한 방법이 있고 그것이 그것을 하는 유일한 올바른 방법이라고 확신한다. 다른 사람들이 이 질서의 세계를 방해하면 그들은 동요하고 화를 낸다.

그들이 어렵게 하려고 하지 않는다는 점에 주목하는 것이 중요하다. 그들은 단지 그들의 세계가 혼란에 빠지지 않도록 하려는 것뿐이다. 다른 사람들이 그들의 노력을 반대하고 통제하는 것으로 낙인을 찍을 때, 그들은 그것을 보여주지 않더라도 낙담하고 심지어는 황폐해진다. 그들의 방어적인 태도는 이러한 부당함과 당혹감을 표출한 것이다.

많은 것을 요구하고 아주 적게 칭찬하는 부모는 완벽주의의 이상적인 자녀 양육법이다. 자녀 양육에 대한 이러한 접근 방식은 부모가 어린 시절에 그런 방식으로 대우받는 데서 비롯된 것일 수 있다. 그들이 알고 있는 유일한 모델에 따르면 부모는 자기 훈련과 미래의 성공을 위해 끊임없는 시정과 승인이 필요하다고 생각할 수 있다. 사실, 그것은 효과적으로 아이의 자신감을 파괴한다.

갈등을 피하기 위해 배우자는 완벽주의적인 부모의 기준을 준수함으로써 이 메시지를 강화하는 동시에 삶에 대해 보다 자유방임적인 태도를 취함으로써 비언어적으로 다른 견해를 가르칠 수 있다. 이 두 가지 생활 방식 사이의 갈등은 혼란을 일으키고 아이는 그 중간에 붙잡히게 된다. 결국, 아이는 자신이 가장 유대감을 느끼는 부모의 행동 모델을 채택할 가능성이 가장 높다.

하나님은 완벽을 기대하지 않으신다

그러한 사람들은 하나님이 완벽을 기대하지 않으신다는 사실을 알게 되어 안도감을 느낀다. 그분은 우리가 완벽하신 그분을 신뢰하기만 하면 된다고 하신다. 스스로 그 목표를 달성하려고 하는 것은 일종의 율법주의이며, 이는 종교적 완벽주의의 또 다른 이름이다. 전도서에서 기자는 우리에게 경고한다.

"우매한 자들의 웃음소리는 솥 밑에서 가시나무가 타는 소리 같으니 이것도 헛되니라."

-전 7:16

20절에서 그는 우리에게 상기시켜 준다.

"참으로 의인은 세상에 없나니 선을 행하고 범죄하지 아니하는 자는 없느니라."

죄악으로 얼룩진 우리의 삶을 하나님의 사랑에 노출시킴으로써, 우리는 우리의 실수가 즉시 용서되고 잊혀진다는 것을 발견한다. 이 현실을 우리의 죄뿐만 아니라 삶 전체에 적용한다는 것은 얼마나 큰 변화인가. 결국, 그분은 우리의 영적인 삶뿐만 아니라 육체적이고 감정적인 삶에서도 하나님이시다.

하나님은 사람의 행동에는 항상 결함이 있다는 것을 이해하신다. 그러므로 그분은 우리에게 당신의 구속의 선물을 선택하라고 요구하신다. 그래서 우리 죄를 대신하여 십자가에 못 박히신 예수님을 보내신 것이다. 십자가는 하나님이 우리에게 완전한 의(義)를 기대하시지 않는다는 증거이다. 사실상, 그분의 의(義)는 우리의 불의를 덮는다.

우리가 이 십자가의 의미를 믿으면 우리는 마침내 자유가 무엇인지 알게 될 것이다. 그리고 그에 따른 평화를 알게 될 것이다.

4장

문화적 고정 관념과 우울증

"여성이 알아야 할 네 번째는
여성의 역할에 대한 문화적 고정 관념은
여성의 선택을 제한하고 충족되지 않은
열망으로 인해 우울증의 대상이 된다."

   몇 년 전, 마드리드(Madrid)의 귀족 집안에서 온 유학생과 사랑에 빠진 한 여성을 만났다. 그는 그녀에게 결혼을 청했고 그녀는 동의했지만 그녀는 현명하게 그녀가 먼저 마드리드로 6개월 동안 이사할 것을 제안했다. 그녀는 그의 가족과 함께 살면서 문화적 차이를 감당할 수 있는지 알아보기로 했다.

그녀가 스페인으로 떠난 지 약 한 달 후, 나는 그녀를 교회에서 다시 보고 놀랐다. 그녀는 스페인에서(특히 귀족 내에서) 여성의 위치는 볼 수 있지만 들리지 않는 것으로 가장 잘 묘사된다고 말했다. 여성들은 숨막히는 문화적 제한이 그들에게 가해진 것 이상으로 나아갈 수 있는 실질적인 기회가 거의 없었다. 그녀는 그런 환경에서 사는 것이 견딜 수 있는 것이 아니라는 결론을 내렸다. 그래서 그녀는 스페인 남자 친구와 결혼하겠다는 생각을 포기했지만 조국의 자유에 대해 더 큰 감사의 마음이 생겼다.

미국은 여전히 다른 국가들에게 자유를 상징하는 대표적인 국가이지만 미국 문화는 변화하고 있다. 정부의 중앙집권화, 사회의 세속화, 전반적인 사회 불안으로 우리의 오랜 관습과 가치가 변화하고 있다. 한때 영구적인 것으로 여겨졌던 자유가 위협받는 것처럼 보였다. 한편으로는 낙태가, 다른 한편에서는 의사 조력 자살이 증가하는 등 생명 자체의 신성함도 보존되지 않았다.

동거와 편부모 양육 - 새로운 현실

이러한 문화적 변화의 한 징후는 이혼과 동거의 급격한 증가이다. 현재 미국의 이혼율은 문명 세계에서 가장 높으며 동거는 계속해서 빠른 속도로 증가하고 있다. 연구에 따르면 한부모 가정의 자녀가 20세가 되면 15세에서 44세 사이의 여성 4명 중 1명은 남자와 동거했으며, 30세가 되면 그 수치는 여성 4명 중 3명으로 증가한다.

한부모 가정의 대부분은 미혼모 또는 이혼한 여성이 가장이다. 많은 사람들이 빈곤선 아래에 살고 있으며 그 수는 계속해서 증가하고 있다. 연구에 따르면 빈곤은 여성의 우울증을 예측할 수 있는 가장 신뢰할 수 있는 요인 중 하나이다.

이것은 또한 어린이의 우울증 비율을 증가시켰다. 고등학교 중퇴율은 특히 빈곤한 소수 집단에서 증가하고 있다. 공립학교 교사라면 누구나 가정 파괴의 극적인 증가와 그 가정의 아이들 사이에 정서적 문제의 극적인 증가가 어떻게 일치하는지 말할 것이다. 이 가족들은 퇴거를 피하기 위해 몇 달에 한 번씩 이사를 가기 때문에 많은 아이들이 여러 학교에 다녔다.

어린 시절에 이와 같은 경험이 있었다면 당신은 그 경험이 나타내는 어려움을 알고 있을 것이다. 이러한 것들이 어려울 수 있지만 일단 인정하면 해결할 수 있다.

교육적 이점

올바른 방향으로 나아가는 단계에는 초기에 교육을 놓친 사람들에게 교육을 다시 도입하는 것이 포함된다. 가난하고 대부분 한부모 가정에서 태어난 저학력 청년 성인(주로 여성)에게 기본 사항을 가르치는 것은 한동안 내 특권이었다. 나는 그들의 세계가 문자 그대로 그들 앞에 열리는 것을 보았다. 그들의 만성 우울증은 새로운 열망과 새로운 성취에 대한 흥분으로 대체되었다.

자신과 친구 되기

우리 문화가 여전히 가르치는 한 가지 좋은 가치는 이웃과 책임감 있는 우정의 중요성, 허리케인, 홍수, 토네이도와 같은 위기 후에 우리는 이웃을 돕는 이웃, 친구를 돕는 친구, 심지어 낯선 사람이 낯선 사람을 돕는 것을 목격한다. 비극의 시기에 대부분의 사람들은 손을 내밀어 다른 사람들을 돌보는 우정으로 돕는다. 이 문화적 가치는 스트레스를 받을 때 다른 사람들과 친구가 되는 방식으로 확장될 수 있다.

규칙은 그녀가 가장 친한 친구에게 하지 않을 말을 스스로에게 하지 않는 것이다.

우울증에 걸린 한 여성과 함께 일할 때, 나는 그녀에게 우울증에 걸려 자신과 비슷한 실수를 한 친한 친구에게 어떤 말을 하거나 무엇을 해줄 것인지 묻는다. 일반적으로 그녀는 동정심과 관대함으로 반응하여 사랑에 찬 격려를 베푼다. 그녀가 평소에 자신에게 나타내는 비관주의와는 참으로 대조적이다!

그런 다음 나는 그녀에게 그녀 자신을 위해 똑같은 말을 하고 똑같은 행동을 하도록 부탁한다. 규칙은 그녀가 가장 친한 친구에게 하지 않을 말을 스스로에게 하지 말아야 한다는 것이다. 그 대신 그녀는 절망에 빠진 친한 친구에게 하는 것과 같은 안심이 되고 위로가 되는 참말만 자신에게 해야 한다.

이것은 간단해 보이지만 당신의 정신을 고양시키는 매우 주목할만한 강력한 방법이다. 궁극적으로 목표는 자신에게 더 나은 대응 방법을 고려하는 것이다. 결국, 자존감은 평화와 복지 감각이며, 이는 대부분 자신을 대하는 방식의 기능이다. 이것은 당신이 좌절을 겪거나 실수를 하거나 비판을 받았을 때 특히 중요하다. 그것은 하나님 앞에서 당신의 가치에 대한 당신의 인식을 손상시키지 않고 당신의 행동에 대한 책임을 받아들이는 유일한 방법이다.

양육권 문제

또 다른 골치 아픈 문제는 양육권을 거부하는 부모의 수가 증가하는 것과 관련이 있다. 이러한 부모들은 이런저런 이유로 가정 법원에서 일상적인 양육자로서의 자녀의 삶에서 벗어나도록 요구받고 있다. 그 과정에서, 이 아이들은 임시로 제대로 검증되지 않은 위탁 가정에 배치될 수 있으며, 그곳에서 때때로 수용할 수 없는 낯선 사람과 함께 생활함으로써 그들의 버림받았다는 느낌이 더 악화된다.

대가족 구성원을 참여시키기 위해 더 많은 노력을 기울일 수 있다. 그러한 노력은 최소한 실향민 아동에게 더 많은 연속성을 제공할 것이다. 이것은 다른 사람들의 선택의 무의식적 희생자인 이 아이들의 이익을 보호하기 위해 모든 것이 이루어져야 한다는 개념을 뒷받침할 것이다.

아버지 없는 너무 많은 가정

한 연구에 따르면 한 명의 친부모와 한 명의 의붓부모와 함께 사는 미취학 아동은 성적 학대를 받을 가능성이 40배 더 높다. 두 부모의 감독과 보호가 부족하여 일반적으로 여아는 착취와 학대에 노출되고 남아는 마약과 불미스러운 연관성에 취약하다.

우리는 아버지가 없는 가정이 너무 많기 때문에 우울증은 특히 그런 가정에서 온 성인 여성 사이에서 용납할 수 없을 정도로 흔한 일이 되었다. 이를 바로잡기 위해서는 우리는 그것이 먼저 국가적 문제임을 인식해야 한다. 그러면 우리는 아들뿐 아니라 딸에게도 아버지의 중요성을 설명하기 위해 지역 사회 전체에 프로그램을 시작할 수 있다. 정부 기관의 명시적인 지원과 함께 대규모로 이 작업을 수행하면 이 추세를 뒤집기 시작할 수 있다.

여성에 대한 문화적 고정 관념-옛 것과 새 것

여성들의 우울증은 부분적으로는 전통적인 문화적 고정 관념에서 기인한다.

과거에 이러한 고정 관념은 여성이 남성에게 복종하도록 요구하고 사회 질서에 대한 참여를 제한하는 남성 지배적 문화를 반영했다. 예를 들어, 20세기까지 미국의 4개 주에서만 여성에게 투표권을 부여했다. 그들은 정치적인 문제에서 많은 발언권이 없었고 교육적, 경제적 기회도 많지 않았다.

20세기 중반까지 미국 여성들이 하는 일은 주로 가정을 돌보고 자녀를 양육하는 것에 국한되었다. 여성은 어떤 수준에서도 지도력을 열망할 것으로 기대되지 않았다. 그리고 그렇게 한다면, 그들은 거만하거나 남성의 권위를 찬탈하려 한다는 비난을 받았다. 이후 지난 50년 동안에 여성이 금융, 기술, 의학 등에서 중요한 직책을 맡아 직장에 뛰어들었다.

전업 주부 맘

여성들은 하나님이 주신 힘을 온전히 발휘할 때 성취감을 경험할 것이다. 그러나 그들은 먼저 그 강점이 무엇인지 알아야 한다. 진정한 성취에는 자녀 양육, 즉 하나님께서 인간 부부에게 부여하신 영예가 포함될 수 있다. 전업주부는 여전히 가족에게 온전한 막대한 자산이다.

그것은 다양한 활동에서 놀라운 재능을 필요로 하는 역할이다. 샐러리 닷컴(salary.com)이 평균적인 어머니가 하는 가장 많은 시간을 소비하는 상위 10개 직업을 조사한 후, 그들은 엄마의 월급이 1년에 11만 5천 달러가 조금 넘어야 한다고 결정했다. 더구나 옳고 그름을 구별하는 방법, 어떤 예산을 어떻게 유지할 것인가, 당신이 결혼 생활에서 무엇을 바랄 수 있는가 등 누가 어머니의 삶의 기술을 소중히 여기지 않은 사람이 있겠는가?

그럼에도 불구하고, 많은 여성들은 새로운 고정 관념의 무게를 느낀다: "그것이 그녀가 느끼는 전부"라면 여성을 덜 생각하는 것이다. 나는 전업주부라고 밝히면서 난처함을 토로하는 많은 여성들을 상담했다. 그들은 전문직 여성들보다 열등감을 느끼는데, 주로 그들은 사회의 다른 사람들이 그러한 여성들을 훨씬 더 존중한다고 믿기 때문이다.

성적 금욕

사람들이 처녀나 우연히 만난 사람과의 성관계나 동거를 거부하는 여성들에 대해 생각하는 문화 조건도 마찬가지라고 말할 수 있다. 그들은 이제 그들의 도덕성에 대해 거짓말을 하거나 사회적, 성적 공포증이 있는, 미개한 과거의 고지식한 유물들로 여겨진다.

새로운 기준

문화적 영향은 사실상 사회의 새로운 표준을 창출했다. 고정 관념이 종종 부정적인 자기 평가로 이어지고 우울증의 원인이 될 수 있는 것도 바로 이 때문이다. 이것은 이미 삶으로 인해 감정적으로 손상된 사람들에게 특히 그렇다. 세속 사회의 도덕적 조류에 맞서 역행하려면 어떤 내적 힘이 필요하다.

다행히도, 그 힘은 하나님이 자신을 따르는 모든 사람에게 주시는 힘이다. 예수님이 여행하시고, 예수님과 사도들을 섬기는 여인들에게는 그분이 힘이 되어 주셨다. 이 여성들이 하고 있는 일은 남편이 아닌 다른 남자를 따르거나 섬기는 여성을 도덕적으로 해이하다고 낙인 찍은 그 당시의 문화에 반하는 것이었다. 그러나 문화적 편견은 그들의 믿음, 즉 세속적 율법주의에 빠진 세속적 편견과는 반대로 영원한 관점을 받아들이는 믿음에는 맞지 않았다.

마찬가지로, 문화적 규범에 반하여, 우리는 우리 자신의 반역자가 될 수 있다. 사실, 하나님은 우리를 처음에는 우리

자신 안에서, 그 다음에는 우리 주변 사람들을 위해 변화의
주체가 되라고 부르셨다.

3부

우울증의 정서적 파편

5장

결혼 생활의 갈등과 우울증

"여성이 알아야 할 다섯 번째는
결혼 생활이 불행할 때, 특히 아내에게
우울증이 생길 가능성이 높다."

　인간이 존재하는 한 그들 사이에는 차이가 있을 것이다.
차이가 있는 한 갈등이 있을 것이다. 그러나 갈등은 논쟁과
같지 않다. 갈등은 단순히 두 명 이상의 사람들이 서로 다른
관점이나 일을 하는 방식을 가지고 있음을 의미한다. 반면
에 논쟁은 상대방의 입장을 소외시키려는 공격적인 의견 교
환이다.

갈등이 관계에 대한 지속적인 관심을 위해 필요하다는 것을 알게 되면 놀랄지도 모른다. 시간이 흐르면서, 아무도 그들 자신의 견해의 거울 이미지가 매우 자극적이라는 것을 발견하지 못한다. 서로의 안전한 복제품이 되기 위해 노력할 때, 당신은 당신의 초점이 희미해지거나 다른 곳으로 돌아가기 시작한다는 것을 알게 된다. 결국, 당신은 이미 당신 자신의 생각을 알고 있다.

분열된 가정

논쟁은 관계에 유독한 영향을 미치며 해결되지 않으면 결국 사람들을 분열시킨다. 논쟁은 일반적으로 파트너가 위협을 느끼고 방어적이 될 때 일어난다. 사람들은 자신의 관점이 어리석은 것으로 간주되거나 중요하지 않은 것으로 간주될 때 위협을 느낀다. 그 결과는 관계에 즉각적인 부담을 주어 왜곡과 오해로 이어진다.

매우 민감한 일부 개인의 경우 다른 의견을 만나는 것만으로도 방어적인 반응을 유발할 수 있다. 이러한 의견은 무례한 것으로 해석되거나 거부될 수도 있다. 내포된 메시지는 "당신이 나를 사랑한다면, 당신은 절대 동의하지 않을 것이다."이다. 이런 종류의 감정적 협박은 관계에 좋지 않은 징조이다.

결혼은 배우자의 본가와의 치열한 투쟁을 강조한다. 이것이 예수님이 결혼 상대자가 서로 완전히 유대를 맺기 전에 먼저 그들의 혈통에서 감정적으로 분리되어야 한다고 가르치신 이유이다(마 19:6). 이 원칙은 감정적인 상처를 받은 전력이 있는 여성들에게 특히 중요하다. 통계는 그들이 처음에 남성들보다 우울증에 더 취약하다는 것을 보여준다.

기혼 여성이 미혼 여성보다 우울증 발병률이 높지만 남성의 경우는 그 반대이다. 통계적으로 말하면, 결혼 생활이 불행할 때 아내는 남편보다 우울증에 걸릴 가능성이 3배 더 높다. 하지만, 남성들이 여성들보다 그들의 감정에 대해 덜 개방적이기 때문에, 그러한 통계가 모든 것을 말해주지 않을 수도 있다. 이 상황은 아내가 엄마가 되어 추가되는 모든 스트레스를 혼자 감당해야 할 때 악화될 수 있는데, 그녀의 남편이 진정한 도우미가 되지 못함에 따라 실망감을 더하게 된다.

한편, 남편이 그의 아내가 감정적으로나 육체적으로 그녀 자신을 자제하고 있다고 생각한다면 상황은 더욱 악화될 수 있다. 그는 그녀에 대해 점점 더 동요하게 될 것이다. 그는 그녀의 피로를 대수롭지 않게 여기고 그가 나서서 그녀를 도와야 하는 것을 외면할지도 모른다.

그는 아내가 자신에게 아무것도 제대로 할 수 없다고 말한다고 거짓으로 믿으며 토라지기 시작할 수도 있고, 그의 적절성 문제에 직접적으로 영향을 미칠 수도 있다. 그의 끈질긴 분노(그리고 그들의 끊임없는 논쟁)는 아내가 점차 관계에서 감정적인 안정감을 잃어가면서 우울증과 걱정을 부채질할 뿐이다.

결혼의 가장 큰 소명은 완전한 행복의 상태를 유지하는 것이 아니라 서로에게 진정으로 치유되는 방법을 찾는 도전에 대처하는 것이다.

문제의 조기 예측

여성의 가족력은 배우자 선택에 중요한 역할을 한다. 아이가 자라면서 가장 그리워했던 경험은 어른의 삶에서 그 아이의 찾는 것이 되어 그들이 사귀는 모든 사람을 통해 보고 평가되는 여과장치를 결정한다. 이 기준을 충족하는 사람에게만 청신호가 주어진다.

그러나 일단 결혼하면, 이 여과장치는 새 배우자와 마주치는 갈등에 초점을 맞춘다. 다시 말하지만, 출신지 갈등이 중요한 역할을 할 수 있다. 그 당시의 여전한 상처는 종종 배우자들이 서로에게 하는 반응에 영향을 끼친다. 남자들은 보통 그들의 상처를 방어적이거나 공격적으로 그들의 배우자에게 행동하지만, 여성들은 자기중심적이고 내면화된 분노로 물러날 가능성이 더 높다. 남자는 화를 내고 여자는 울음을 터뜨리는 경향이 있다. 둘 다 환멸을 느낀다.

물론 그러한 갈등에는 예외와 역할 반전이 있지만 결과는 동일하다. 이러한 방어적 태도는 정상적인 상황에서는 여성이 자연스럽게 공감 능력을 더 잘 발휘하는 것처럼 보이지만 다른 사람의 관점을 이해하기 어렵게 만든다.

이 경우 우울증이 대부분의 결혼과 마찬가지로 그들의 결혼이 의미를 찾는 두 명의 상처받은 사람들의 결합이라는 것을 깨달을 수만 있다면. 다시 말하지만, 결혼의 가장 높은 소명은 완전한 행복의 상태를 유지하는 것이 아니라 서로에게 진정으로 치유되는 방법을 찾는 도전에 대처하는 것이다.

여러 해 동안 우울증과 씨름한 후, 한 여성은 시어머니와 대화를 나누다가 놀랍게도 남편이 아버지에게 신체적으로 학대를 받았다는 사실을 알게 되었다고 말했다. 그는 어린 시절에 대해 거의 이야기하지 않은 이유를 그녀에게 설명했다. 처음으로 그녀는 그가 왜 그렇게 분노하는지 이해했다. 그때까지 그녀는 그의 분노에 대한 잘못된 책임을 받아들이고 자신을 미워했다.

그 발견으로 그녀의 우울증은 해소되었고 그녀는 그에게 더 동정심을 갖게 되어 그녀를 더 치유적인 존재로 만들었다. 그녀는 우울증을 스스로에게 질문하기 위한 표시가 아니라 생각에 대한 도전으로 생각하는 법을 배웠다고 말했다.

결혼의 유대에 대한 하나님의 견해

배우자들은 서로 사랑하는 관계에서 정서적 치유를 추구하는 상처 입은 동맹으로 서로를 간주하기 시작하는 것이 필요하다. 완벽한 출신지는 없다; 어떤 배우자도 그들의 부모에 의해 완전히 손상되지 않은 채 나타나지 않을 것이다. 그것이 결혼은 서로에게 치유의 존재, 개인의 성장을 위한 비옥한 환경이 되어야 한다는 소명이라는 이유이다.

하나님이 사람이 혼자 있는 것이 좋지 않다고 말씀하셨을 때, 부분적으로 다른 사람과의 교제가 외로움에 대한 보루임을 의미하셨다. 우리는 이미 외로움이 우울증 발병의 중요한 전조가 될 수 있다는 것을 알고 있다. 이는 결혼 생활에 문제가 있거나 출신 가족에게 해결되지 않은 상처가 있다는 신호이다. 둘 다인 경우가 많다.

여성은 원래 조력자(히브리어 ezer-에제르)의 역할을 하도록 창조되었으며, 이는 창조된 질서에서 하나님의 일을 하는 데 도움이 되도록 남자와 함께 하도록 의도되었음을 의미한다. 그것은 여성에게 있어 원대한 목적이다. 왜냐하면 그것은 피조물을 위한 하나님의 계획을 성취하는 데 있어 동등한 역할을 하는 여성의 역할을 제시하기 때문이다.

결혼한 남성은 세상에서 하나님의 목적을 완수하는 데 아내를 인생의 동반자로 소중히 여기면서 이 규칙에 대해 하나님께 감사를 표해야 했다. 그러려면 서로를 섬기는 사심 없는 태도가 필요하다는 점에 유의하라. 그러나 오늘날에는 보기 드문 일이다.

여성 지원 단체

여성은 결혼 생활에 대한 스트레스를 가장 먼저 느끼고 변화를 가장 먼저 추구할 가능성이 높다. 사실상, 그녀는 관계에 대한 경고 신호 역할을 한다. 그러나 이 역할에서 그녀는 남편과 직접 대면하기보다 여성 지원 단체나 그녀의 친구들의 네트워크를 찾는 경향이 있다.

당신의 친구들이 좌절감을 주는 결혼 생활의 배출구라면, 적어도 당신은 상황을 악화시키지는 않을 것이다. 하지만 당신은 어떤 것도 해결하지 못하고 있다. 사실, 그것은 실제로 여러분의 우울증을 더 악화시킬 수 있다. 배우자와 직접 문제를 해결하는 것이 차이를 해결하는 더 효과적인 방법이다.

당신이 그것이 가능하지 않다고 생각되면 전문 결혼 상담사를 찾으라. 당신의 남편이 함께 가기를 거부하면 스스로 도움을 받으라. 전문가는 당신의 남편에게 더 이상 화를 내지 않도록 공정한 방식으로 문제에 대처할 수 있는 역량을 제공할 수 있다.

우울증의 일반적인 스트레스 요인

기혼 여성이 우울해질 때 발생하는 보다 일반적인 스트레스 요인은 다음과 같다.

● 극심한 외로움과 진정한 친밀감의 부족

● 애정 결핍

● 부부간의 의사소통 불량

● 통제적이고 비판적이며 일반적으로 부정적인 배우자

● 분리된 양육 파트너

● 갈등 해결에 대한 정서적 안정감 부족

● 재정적 걱정 증가

● 심각한 건강 문제가 있는 남편

● 확고한 영적 핵심이 없는 결혼

　잠재적인 스트레스 요인이 너무 많기 때문에 문제가 확대되기 전에 배우자와 정기적으로 관계를 검토하는 것이 좋다. 적시에 문제에 대비하면 많은 마음의 고통을 예방할 수 있다.

도전에 대한 선입견

치료 측면에서 불안과 우울증의 기원을 식별하는 한 가지 방법은 ABC 분석 모델을 사용하는 것이다. ABC 모델은 삶의 사건에 반응하는 방식의 차이를 조사하기 위해 준비하는 것이다. 약식으로 보면 다음과 같다.

- A = 감정적으로 중요한 반응을 유발하는(원인이 아닌) 모든 경험적 사건인 활성화 사건

- B = 정서적으로 의미 있는 반응을 유발하는 선행 사건에 대한 당신의 믿음

- C = 선행 사건에 대한 특정 신념의 결과로 발생한 감정적 반응

예를 들어, 당신이 매우 원했던 직업에 대한 최종 면접에 갔지만 채용에 실패했다고 가정해 보자. 나중에 내가 당신을 길에서 만나면 당신은 화가 나고, 답답하고, 많이 우울해진다. 내가 왜 그렇게 우울하냐고 묻는다면 당신은 면접과 실

직 사실에 대해 말할 것이다. 하지만 내가 그런 식으로 대답하면, 당신이 우울해하는 진짜 이유는 그게 아니라고 대답할 것이다. 물론 당신은 당연히 실직이 이유라고 주장함으로써 나의 반응에 강력하게 항의할 것이다. 분명히, 당신이 그 직업을 얻었더라면, 당신은 행복했을 것이다.

이 대화를 살펴보자.

● 직장을 구하지 못하는 것은 선행 사건(A)이다.

● 당신이 경험한 좌절과 우울증이라는 감정적 결과(C)는 A 때문에 생긴 것이라고 잘못 가정했다.

● 그러나 C는 선행 사건에 대한 당신의 믿음(B) 때문이었다.

당신은 직업을 얻지 못했기 때문에 큰 성공의 기회에 대한 한 번의 기회를 잃었다고 스스로에게 말했을 것이다. 결과적으로 원하는 직업을 얻지 못하고 평생 햄버거를 먹게 될 것이다. 당신이 그것을 믿는다면, 당신은 당연히 우울할 것이다.

하지만 스스로에게 이렇게 말했다면 어땠을까?

● 실직은 실망스러웠지만 나는 최종 면접까지 갔으니 꽤
  잘했다는 것을 의미한다.

● 다른 좋은 직장도 있으니 내가 그들을 그냥 좇아가다
  보면 언젠가는 그 중 하나를 얻게 될 거라는 것을 안다.

당신은 당연히 실망했을지 모르지만, 우울증에 빠지기보
다는 다시 나가서 일자리를 찾기로 결심했을 것이다.

당신도 알다시피, 당신이 스스로에게 말하는 것(당신의 신
념, B)은 감정적 결과(C)의 기초가 되는 것이지, 어느 이야기
에서나 동일했던 선행 사건(A)이 아니다. 그렇기 때문에 같
은 사건에 대해 사람마다 다르게 반응하는 것이다. 또한 인
생의 좌절을 개선하기로 결정하는 대신 좌절에 대해 우울한
이유 중 하나일 수도 있다.

내적인 기법의 곤경

종종 우리는 다음과 같은 단계로 우리의 내부 이야기를 곁들여서 나쁜 상황을 더 악화시킨다.

- 나는 해야 한다.

- 나는 꼭 그래야만 한다.

- 나는 그것을 참을 수 없다.

- 그것은 소름이 끼친다 / 끔찍하다.

- 나는 하는 것이 좋겠다.

이런 종류의 언어는 우리의 혼잣말을 크게 (그리고 불필요하게) 감정적으로 만든다. 그러한 언어는 생존에 필요한 것을 차단하여 어떤 식으로든 방해를 받는 진정한 필요에만 관련이 있기 때문에 필요 언어라고 한다. 생존이 정말로 위태로울 때 우리는 대개 당황한다. 거의 우리는 평화롭지 않다.

주어진 상황에서 일어나는 일(선호 언어)이 당신이 마음에 들지 않는다고 말하는 것은(필요 언어) 당신이 그것을 참을 수 없다고 말하는 것과는 감정적인 영향에서 크게 다르다.

삶에는 음식, 공기, 쉼터 같은 실제적인 필요가 없는 것은 거의 없다. 다른 모든 것은 취향이다. 당신이 주어진 상황(선호 언어)에서 일어나는 일이 마음에 들지 않는다고 말하는 것은(필요 언어) 당신이 참을 수 없다고 말하는 것과는 전혀 다르다. 무언가가 있어야 하거나 특정 시간에 어딘가에 있어야 한다거나, 교통체증에 자동차에 앉아 있는 것이 끔찍하거나, 누군가에게 불편을 겪는다는 것은 끔찍하다고 스스로에게 말하는 것은 분명히 거짓말이다. 불쾌한 일일 수도 있고, 재앙이 될 수도 있고, 거의 아닐 수도 있다.

다음에 뭔가에 대해 화가 나기 시작하면, 생존이 위태로운지 스스로에게 물어보라. 그렇지 않다면(거의 항상 그렇듯이) 왜 필요 언어를 사용하는지 물어보라. 거기서부터는 "불편할 수도 있지만 세상의 종말은 아니다"와 같은 선호 언어를 사용하는 것으로 바꿀 수 있다.

만족을 학습

흔한 짜증과 좌절로 인해 당신 자신을 감정적인 파탄으로 몰아넣기에는 인생은 너무 짧다. 사도 바울은 이 원리를 발견했다. 사역 초기에, 그는 격렬했고 종종 사건들로 인해 화가 났다. 그는 바나바(Barnabas)와 사이가 틀어졌고, 마가(Mark)가 그들의 사역을 떠나서 집으로 돌아간 것을 분개했으며, 예루살렘에 있는 교회의 일부 사람들과는 크게 달랐다. 그러나 나중에 그는 여전히 강한 신념을 가진 사람이었지만, 그의 관계에서 온건해졌다.

빌립보 사람들에게 보낸 편지에서 그는 불안의 문제를 구체적으로 언급하면서 "자족하기를 *배웠다*"(빌 4:11)고 말했다. 그는 다른 사람들에게 무엇이든지 참되고 옳은 것에 생각의 중심을 두도록 가르쳤다(빌 4:8). 그는 진리가 여러분을 불안과 우울에서 자유롭게 한다는 것을 잘 알고 있었다(빌 4:6-7).

고린도 사람들에게 보낸 두 번째 편지에서 그는 이렇게 설명했다. "우리는 모든 면에서 심한 압박을 받지만, 짓눌리지 않고, 당혹스럽지만 절망하지 않으며, 박해받지만 버린바 **되지 않으며, 거꾸러뜨림을 당하여도 멸망하지 아니한다**"(고후 4:8-9). 기울임 꼴 단어는 모두 필요 언어 용어라는 것을 주목하라. 바울은 하나님의 말씀을 타협하지 않는 한 자신에게 닥친 일을 받아들였기 때문에 만족하는 법을 배웠다고 말한다.

이것이 성경이 말하는 정직함이다. 확실히, 그것은 바울이 모든 지각을 초월하는 것으로 묘사한 평화에 기여했다(빌 4:7). 즉, 상황의 어려움과 단호하게 반대되는 평화이다. 당신은 목적의 전략을 가지고 정신 건강으로 돌아가는 이 길을 수행할 수 있다.

● 우울증의 본질과 당신의 주의를 요하는 문제를 발견하는 데 그 유용성을 이해함으로써 당신은 더 나은 삶을 방해하는 오랜 습관을 바꿀 수 있다.

● 당신이 어떤 믿음이 현실을 왜곡하고 있는지, 그 믿음이 어디서 왔는지, 그리고 그로 인해 현재 사건들을 자신에게 설명하는데 사용하는 언어를 인식할 때, 당신은 당신

의 세계를 변화시키는 길을 잘 가게 될 것이다.

당신의 과거가 당신의 현재를 정할 필요가 없는 것과 마찬가지로 당신의 잘못된 생각의 이야기가 당신의 미래를 결정해서는 안된다. 하나님의 종 바울은 그 원칙을 이해하게 되었고, 당신도 그렇게 할 수 있다.

효과가 있는 변화

배우자가 서로를 바꾸려고 하는 것(어느 쪽도 통제할 수 없음)보다는 각자의 통제 하에 있는 각자의 행동을 취하는 것이 훨씬 더 건강하다. 부분적으로 이는 자기 거부가 아니라 창의적이고 통합적인 방식으로 서로의 차이점을 더 잘 포용하는 방법에 초점을 맞추고 있음을 의미한다. 사도 바울은 당신이 획일성에 대한 요구가 아니라 다양성의 함양을 통해 단결을 이룬다고 주장했다(고전 12장). 성장을 촉진하는 것은 당신의 차이점이지, 당신과 비슷한 방식이 아니다.

당신이 결혼 생활에서 우울증에 시달리는 여성이라면 결

혼 생활에 들어갔을 때 가졌던 희망과 기대가 이제 당신에게 멀게만 느껴진다. 당신은 심지어 영원히 불행하다고 체념할 수도 있다. 하지만 그런 식으로 있을 필요는 없다.

당신의 파트너가 자신이 해야 할 일을 주도하지 않을 경우, 당신은 그의 관심을 끌 만한 변화를 스스로 유도할 수 있다. 그 변화가 어떤 것인지 잘 모르겠다면 믿을 수 있는 사람에게 조언을 구하라. 하나님은 우리에게 만족스럽지 못한 관계에서 무기력하게 지쳐있기를 요구하지 않으신다. 배우자의 진정으로 완고한 마음을 시험하는 유일한 방법은 일상에서 당신 자신의 역할을 흔들어 무슨 일이 일어나는지 보는 것이다.

하나님은 결혼이 절망의 원인이 되도록 설계하지 않으셨다. 그러나 그분이 교회와의 관계를 설명하시기 위해 결혼이라는 은유를 사용하셨을 때, 그분은 또한 죄가 교회의 생명력을 왜곡하고 손상시키는 힘에 대해 경고하셨다. 기쁜 소식은 그분과 함께라면 고칠 수 없는 것이 없다는 것이다. 그러나 두 배우자 모두 기꺼이 그 일을 해야 한다.

하나님의 모든 임무는 항상 회복에 관한 것이었다. 그분이 많은 사람들이 그분의 제안을 거절할 것이라는 사실을 알고 계신다는 사실이 그분이 그것을 하시는 것을 막지는 못했다.

거기에 우리의 영감이 있다.

6장

우울한 여성과 그들의 친구들

"여성이 알아야 할 여섯 번째는 우울증에 수반되는 분노, 자기 연민, 고립의 혼합은 종종 친구와 사회적 상황에서 수동적인 은둔을 초래한다."

친구들을 사귀는 것은 삶의 기능으로서 적극적으로 발전시켜야 한다. 그것은 의도적인 것이다. 친구들은 성취감을 주는 삶을 위해 필요하며, 여성의 친구들은 그녀의 정체성을 살찌운다.

때때로, 친구들은 온전한 정신과 감정적인 붕괴 사이에 서 있는 유일한 것이다. 친한 친구들의 사랑은 삶의 타격을 누그러뜨릴 수 있다. 친구들의 개인적인 본질은 페이스북(Face-book)과 같은 소셜 미디어를 통한 관계보다 훨씬 더 만족스럽다. 컴퓨터 동료들은 실시간 실제 사람과 맞수가 되지 않는다.

외로움에서 벗어나기

때때로 여성이 우울해지면 다른 사람, 심지어 친한 친구로부터 자신을 고립시킬 수 있다. 이것은 그녀의 고통을 가중시킬 뿐이며 그녀를 혼자 남겨두고 쓸모없는 감정에 대해 끝없이 반추하게 할 뿐이다. 친구들과 함께 있어도 그녀의 우울증은 그녀가 듣는 것에 색을 입히고 그들의 위로에 그녀를 귀머거리가 되게 한다.

외로움으로 고통받는 사람들은 자신이 무가치하다는 증거를 제공하기 위해 자신의 내적 이야기에 의존한다. 그들의 고립은 그들이 끌어낸 잘못된 결론에 맞서 싸울 반대 이야기를 제공하지 않는다. 그들은 자신의 생각의 희생자가 된다.

친구들의 한 가지 목적은 세상에 대한 우리의 견해에 균형을 맞추는 것이다. 동반자 관계는 다른 사람들보다 더 선호하는 경험이다. 따라서 우리가 경험하는 외로움의 정도는 우선 사회적 접촉에 대한 관심에 의해 부분적으로 결정된다. 그러나 완전한 격리를 건강한 선택으로 여겨서는 안 된다.

학습된 경험은 또한 우리가 사회 생활에 참여하는 것을 결정하는 데 도움이 된다. 사회적 상호작용을 추구하지 않은 가정에서 자라는 것은 우리의 관계 추구에 큰 영향을 미칠 수 있다. 그러나 사회적 지원의 부족이 심히 낙담하고 궁극적으로 무력화되는 지경에 도달할 수 있다. 우리가 그 지점에 도달하면, 우울증은 흔한 결과이다.

무기력증

때때로, 만성적인 의학적 상태는 다른 사람들로부터 원치 않는 고립을 강요한다. 19세기 후반에 영국에 살았고 영적 어려움에 처한 교회에 다니던 한 여성이 이것을 경험했다.

그녀는 하나님을 섬기기 위해서 교회의 열정을 회복시키

기 위해 일하기로 결심했다. 하지만 얼마 지나지 않아, 그녀는 평생동안 병상에 누워있게 되는 병에 걸리게 되었다. 교회에 다닐 수 없었던 그녀는 심한 우울증에 빠졌다.

어느 날 한 친구가 그녀에게 교회의 영적 회복을 위해 충실하게 기도할 수 있다고 제안했다. 그녀는 이것이 하나님이 그녀에게 원하시는 것이라고 확신했다. 해마다 그녀는 그녀의 교회가 영적 부흥을 경험할 수 있도록 매일 하루 중 많은 시간을 기도했다. 미국에서 드와이트 L. 무디(Dwight L. Moody)의 사역에 대해 들은 후 그녀는 무디(Moody)가 자신의 교회에서 설교할 수 있도록 기도하기 시작했다.

거의 10년 간의 기도 끝에 드와이트 L. 무디는 다른 목사들과 설교자들로부터 배우기 위해 영국으로 왔다. 그곳에서 그는 오랫동안 기도해 온 그 여성의 교회 목사인 존 레시(John Lessey) 목사를 만났다. 그 목사는 무디에게 자신의 교회에서 설교할 수 있는지 물었다. 무디는 어느 일요일에 그 교회에서 설교를 하고 아일랜드로 가겠다고 동의했다.

그러나 그 작은 교회의 반응이 너무 압도적이어서 그는 아일랜드에서 다시 부름을 받아 이 교회에서 시작된 부흥회를 계속했다. 그는 결국 열흘 동안 머물렀으며, 그 기간 동안 수백 명이 그리스도를 알게 되었다. 그는 나중에 2년 동안 지속된 연장된 부흥회를 위해 영국으로 돌아왔다. 런던에서만 25만 명이 무디의 부흥회에 참석할 수 있었다.

이 여성은 일어난 일을 들었을 때 하나님이 그 모든 세월 동안 그녀의 충실한 봉사를 존중하셨다는 것을 깨달았다. 그녀는 건강 상태로 인해 심각한 제약을 받았지만 하나님은 그녀를 강력하게 사용하셨다.

작고 보잘것없는 영국 벽지의 소도시에 몸이 움츠러들어 침대에 누워있는 여성이 그런 영향을 미칠 것이라고 누가 생각이나 했겠는가? 그녀는 누구나 상상할 수 있는 것보다 더 중요했다. 그것은 그녀가 먼저 하나님께 중요했기 때문이다.

사랑 상실

내 상담인, 특히 여성 상담인은 사랑을 갈망하고 누군가에

게 가장 중요한 사람이 되기를 갈망한다. 하지만 아이러니하
게도 이러한 갈망은 우울증의 원인이자 결과이다.

- 그들은 애정, 존경, 소중함을 원하지만, 동시에 그들의 우울증은 사람들을 밀어낸다.

- 운둔은 그들의 욕망을 충족시키는 데 장애물이지만, 그들은 여전히 그것에 끌린다.

- 그들의 회복은 변화에 달려 있지만, 그들은 그것을 거부한다.

- 우정은 자기 초점의 완화와 압도적인 감정 에너지의 완화, 둘 다이다.

안도감과 긴장을 동시에 주는 이 우정의 역설은 다른 사람들이 그들에게 더 많이 나가라고 권고하는 것을 포함하여 다양한 접근-회피 갈등으로 이어진다.

친구로서 당신의 사회적 한계를 인식하는 것은 당신의 무

가치한 감정을 두 배로 줄여줄 뿐이며, 이것은 다시 문제를 심화시킨다. 다른 사람에게 부담이 되는 것처럼 느끼는 것은 결코 당신의 사기를 떨어뜨리지 않는다. 비록 공개적으로 당신은 친구들의 노력에 대한 친절을 받아들일 수 있지만, 은밀히 당신은 너무 많은 것을 기대한 것에 대해 그들을 비난할 수도 있다. 결국, 그들이 당신이 아침에 침대에서 일어나는 것이 얼마나 힘든지 알지 않는가?

당신의 친구들에게 그들이 자신의 치료사가 되기를 기대하지 않는다고 말하라. 당신은 그들이 당신의 투쟁 동안 당신의 동반자가 되기를 바란다.

이러한 분노와 자기 연민의 해로운 혼합이 삶을 멈추게 한다는 점을 명심하라. 그렇기 때문에 당신이 우울할 때 저항이 가장 적은 길을 따르기 보다는 자신을 밀어붙여 다른 사람들과 연결하는 것이 필수적이다. 기분이 좋지 않을 수도 있지만.

● 친구의 방문 초대를 수락하라.

● 매일 집에 있는 것을 피하라.

● 체육관에 가서 운동하라.

● 쇼핑하라.

이러한 활동에 대한 유일한 장벽은 육체적인 것이 아니라 감정적인 것이다. "나는 그것을 느껴야 한다"라는 슬로건은 당신의 우울한 생각에 불과하다.

당신은 다른 사람들이 당신의 절망을 완전히 이해할 수 없다는 것을 알고 있다. 당신과 당신의 친구들은 할 말을 찾기 어려울 때 어색함을 느낀다. 친구라면 당신이 하는 일이 헛되다고 느끼는 것은 좋지 않다.

당신의 친구들에게 그들이 자신의 치료사가 되기를 기대하지 않는다고 말하라. 당신은 그들이 당신의 투쟁 중에 당신의 동반자가 되기를 바란다. 그러면 압박감이 사라지고, 그렇게 하면 친구가 아닌 다른 사람이 되려고 하지 않고도 친구가 될 수 있다.

사회적 통찰력 얻기

우울증이 당신을 더 적극적으로 유도한다는 사실은 회복을 향한 긍정적인 단계가 될 수 있다.

● 우울증은 파괴적인 관계가 변하지 않을 것이라는 점을 이해하는 데 도움이 될 수 있다.

● 우울증은 당신에게 투자한 적이 없는 사람과의 관계에 대한 투자를 중단하는 데 도움이 될 수 있다.

● 우울증은 부당하게 이용당하는 것으로부터 당신을 보호하기 위해 더 건강한 경계를 만들 수 있다.

이러한 종류의 행동은 전문가의 도움이 필요할 수 있다. 그러나 우울증은 오랫동안 우리를 아프게 했던 것이 무엇인지 깨닫게 할 수 있다. 그것은 우리가 두려움으로부터 우리를 보호하기 위해 개발한 건강에 해로운 습관을 더 잘 이해하는 데 도움이 될 수 있다.

제니퍼(Jennifer)가 심한 우울증으로 나를 만나러 왔다. 어느 날 그녀는 소꿉친구와의 관계가 매우 치명적이라고 인정했다. 이 친구는 제니퍼가 할 일에 대해 끊임없이 그녀에게 전화를 걸어 그녀를 위해 그녀의 아파트 청소와 같은 일을 하도록 죄책감을 주었다.

수년 동안 제니퍼는 이 여성의 요구에 충실히 굴복했지만 그 요구에 말없이 분개했다. 결국 제니퍼의 우울증에 대한 그녀의 친구의 무관심(때로는 적대감까지)은 제니퍼가 이 관계가 얼마나 해로운지를 이해하는 데 도움이 되었다. 관계를 끝낸 후 제니퍼는 진정으로 해방감을 느꼈고 그녀의 삶에서 중요한 변화를 시작할 힘을 얻었다.

자의적인 사회적 고립

여성들은 낭만적인 파트너의 거부나 과도한 수줍음과 같은 사회생활의 어려움으로 인해 우울해질 수 있다. 하지만 반대의 경우도 있다. 당신의 우울증이 당신의 사회 생활을 방해할 수 있다. 우울증은 당신의 자신감을 떨어뜨린다. 당신의 주변 사람들에게 밀리는 느낌이 들어서 사회 활동을 기피한다. 당신의 외모에 신경을 덜 써서 다른 사람들이 당신의 건강을 걱정하게 할 수 있다.

하지만 당신이 관계를 소홀히 할 수 있는 진짜 이유는 당신이 누군가의 친구가 될 만큼 자격이 충분하지 않다고 믿기 때문이다. 당신이 그렇게 말하면 당신의 친구가 항의할 수도 있겠지만, 당신은 당신의 친구가 "그냥 착할 뿐"이라고 확신하면서 계속 그렇게 생각할 것이다.

우리가 더 나은 것을 받을 자격이 없다고 믿는다면, 우리는 인간관계에서 우리가 원하는 것을 요구하지 않을 것이다. 그러나 수동적으로 고립함으로써 우리는 실제로 만족하지 않는다. 우리는 공격성의 폭발(이에 대해 종종 나중에 후회함)과 다른 사람의 반복적인 실망으로 인해 억눌린 좌절 사이의 연관성을 보지 못한다. 대안은 감정적으로 빈곤한 관계를 바로잡는 유일한 진정한 방법인 자기 주장을 하는 것이다.

	수동성	공격성	적극성
당신이 존경을 표시하는 방법	자신을 무시하는 모습을 보여 준다.	다른 사람들에 대한 무례함을 나타낸다.	자신과 타인에 대한 존경심을 나타낸다.
당신이 다른 사람들에게 행동하는 방법	물러나 숨는다.	반항한다.	봉사한다.
다른 사람들에게 당신이 어떻게 보이는가	약점을 보여준다.	방어적인 태도를 보여준다.	자신감과 겸손을 보여준다.

존중과 자신감은 용기의 초석이며 개방적이고 직접적이며 적절한 의사소통의 기초임을 기억하라. 당신이 적극적일 때, 당신은 일이 일어나기를 바라는 대신에 일이 일어나게 한다.

존중과 자신감은 용기의 초석이며 개방적이고 직접적이며 적절한 의사소통의 기초이다.

에이브러햄 링컨(Abraham Lincoln) 대통령의 부인인 메리 토드 링컨(Mary Todd Lincoln)은 평생 동안 슬픔과 절망에 시달렸다. 그녀는 기분이 좋지 않은 상태로 집에서 은둔자가 되어 주위의 모든 사람을 비난하고 모든 부정적인 사건에 대해 반추하고 임의로 사람들을 그녀의 삶에서 차단했다. 그녀는 평소에는 다른 사람들의 관심을 받는 것을 좋아했지만, 사람들이 몇 주만에 한 번 또는 몇 달 동안 만나주지 않아 매우 슬프고 외로운 삶을 살았다.

아이러니하게도 많은 사람들이 그녀와 가까워지기를 원했고 그녀에게 그녀의 남편에게 거절당할 만한 일을 했는지 물었다. 그녀는 의심할 여지 없이 그들이 그녀의 물러남에 대해 자신의 행동에 의문을 제기할 줄은 꿈에도 몰랐다. 그 사실을 알게 된 것은 링컨 부인이 자신의 생각이 실제로 얼마나 현실과 거리가 멀었는지 이해하는 데 도움이 되었을 것이다.

우울증에 빠지면 우리는 종종 거리를 두기 위해 겉치레를 한다. 이러한 투명성의 부족은 다른 사람들이 우리에게 손을 내밀고 싶어한다는 것을 계속 알지 못하게 한다. 우리는 그들이 신경 쓰지 않거나 너무 바빠서 시간을 낼 수 없다고 거짓으로 결론짓는다.

반대 전략 탐색

자의적인 사회적 고립을 피하기 위해서는 다음과 같이 하는 것이 중요하다.

- 다른 사람들과 더 많이 어울리도록 자신을 몰아붙이기 위해서

- 다른 사람들에게 당신이 당신의 삶에 그들의 조언을 원한다는 것을 알리기 위해서, 그리고

- 다른 사람들에게 자신이 물러나기 시작하는 것을 보면 말해달라고 부탁하기 위해서.

당신이 물러나기 시작하면, 당신의 친구들의 의견은 당신이 다시 참여하려는 노력을 새롭게 하거나, 당신의 괴로운

감정의 본질을 공개하는 데 도움이 될 수 있다.

다시 말하지만, 당신은 그들에게 당신의 문제를 해결하라고 요구하는 것이 아니다. 당신은 그저 그들이 할 수 있는 한 그들에게 현재의 감정 상태를 최대한 받아들이라고 부탁하는 것뿐이다. 그들은 말이 필요 없는 도움이 되는 존재가 될 수 있다. 때때로 당신을 감싸는 팔이나 어깨에 손을 얹는 것으로 충분하다.

당신이 물러나지 않는 것이 중요하다. 스스로 부과한 고립과 장기간의 나태함은 일반적으로 상상이 만들어낼 수 있는 모든 부정적인 생각으로 가득차게 만든다. 그러한 생각은 당신을 감정적으로 내리막길로 몰아넣을 뿐이며, 그 소용돌이에서 빠져 나오기를 훨씬 더 어렵게 만든다.

현실 치료의 개발자인 윌리엄 글래서(William Glasser)는 그의 내담자에게 기분이 아무리 나빠도 매일 출근하도록 요구했다. 그는 생산 활동과 사회적 상호 작용에서 삶을 분리하는 것이 회복의 실패를 보장한다는 것을 알고 있었다.

당신이 좋은 친구가 될 자격이 없다고 생각하든, 다른 사람들과 어울리지 않는다고 생각하든, 아니면 다른 우정 문제로 고민하든, 어쨌든 우정을 추구하라.

때로는 당신이 당신의 새로운 방식으로 생각하는 것보다 당신의 새로운 방식으로 행동하는 것이 더 쉽다. 친구들은 당신이 고통에서 만든 잘못된 관점에 도전하는 데 필요한 정상성을 제공한다.

게다가 우울증은 당신의 진정한 친구들을 돋보이게 하고 당신이 누구를 믿을 수 있는지에 대해 당신에게 더 명확하게 해 줄 수 있다.

당신의 관점을 바로 잡기 위한 실용적인 조언

다음 표에는 표본 질문과 함께 스스로에게 물어봐야 하는 4가지 기본 유형의 질문이 나와 있다.

질문 유형	표본 질문
현실 시험	● 내 생각에 찬성하거나 반대하는 증거는 무엇인가? ● 내 생각은 사실에 근거한 것인가, 아니면 단지 내 해석에 근거한 것인가? ● 나는 자동적으로 부정적인 면을 찾고 있는가?
다른 설명 찾기	● 이 상황을 바라보는 다른 방법이 있는가? ● 다른 어떤 의미가 있을 수 있는가? ● 이 상황에 대한 긍정적인 관점은 무엇인가?
사물을 바라보는 시각	● 내가 지금 하고 있는 것만큼 상황이 나쁜가? ● 일어날 수 있는 최악의 상황은 무엇인가? 가장 좋은 점은 무엇인가? ● 최상의 시나리오 또는 최악의 시나리오가 발생할 가능성은 얼마나 되는가? 어떤 일이 일어날 확률이 더 높은가? ● 이 상황에서 무엇이 좋은가? ● 이 상황이 5년 후에 나에게 중요할까? 다른 사람에게도 중요할까?
목표 지향적 사고 활용	● 이러한 사고 방식이 행복감을 느끼거나 건강을 회복하거나 목표를 달성하는데 나에게 도움이 되는가? ● 내가 이 상황을 해결하는 데 도움이 되는 조치는 무엇인가? ● 다음에 더 잘 대처할 수 있도록 이 상황에서 내게 도움이 될 것을 배울 수 있는가?

7장

직장 내 여성 우울증

"여성이 알아야 할 우울증에 대한
일곱 번째는 동료에 대한 기대와 자신의 생각을
말하거나 다른 사람을 달래려는 여성의 성향이
우울증을 유발할 수 있다."

   지난 40년 동안, 여성들은 국가 노동력의 거의 절반을 차지하게 되었다. 하지만 경력을 쌓는 데 있어 이 모든 발전에는 대가가 따랐다. 이는 여성들이 일과 가정의 책임의 균형을 맞추려고 노력하면서 더 큰 여성 스트레스를 유발하고, 노동분업을 놓고 남편과 더 많은 갈등을 일으킨다. 여성이 일하는 부모가 된다는 것은 종종 그녀의 시간에 대한 요구와 충돌하는 것을 의미한다. 그렇다면 이런 새로운 스트레스 요인이 우울증을 일으킬 수 있다는 것은 별로 놀랄 일이 아니다.

직장의 다양한 측면 식별

직장에서 여성들이 겪는 어려움 중 일부는 남성과의 성별 차이에서 비롯된다.

의사소통

연구에 따르면 남성과 함께 일하는 여성에게 공통적으로 나타나는 한 가지 어려움은 그들이 각각 정보를 어떻게 처리하고 결론을 내리는지에 관련이 있다.

남성들	여성들
남성은 많은 토론이 문제 해결에 있어 우유부단하고 비효율적이라고 생각하는 경향이 있다. 여성들이 자주 질문을 하면 불안해질 수 있다.	여성들은 남성들이 방해하고, 충동적이며, 그들을 중요한 대화에서 제외시키는 경향이 있다고 본다.
남성들은 때때로 다른 사람들이 이야기하는 동안 여성들의 침묵을 (여성들이 듣고 있기 때문에) 여성들이 토론에 기여할 것이 거의 없다는 의미로 오해한다.	보다 과정 지향적인 여성은 말하기 전에 더 주의 깊게 듣는 경향이 있다.
남성들은 결승선에 도달하는 데 거의 전적으로 집중하는 것을 선호한다. 감정 표현의 여지가 거의 없다. 처음부터 그들이 자신들의 감정을 표현하는 것이 그다지 편안하지 않기 때문에 완벽하게 잘 맞는다.	여성들은 더 친밀하고, 더 배려하는 관계를 형성하는 데 더 능숙하며, 이것은 그들이 감정을 표현하는 것이 더 자유롭다는 것을 의미한다.
남성들은 대화의 감정적 질을 덜 중요하게 여기며 다른 사람들에게 다소 비외교적이고 둔감할 수 있다.	여성들은 다른 사람들의 감정을 더 높게 평가하기 때문에 다른 사람들의 의견을 듣는 데 더 많은 시간을 할애한다.
남성들은 자신들의 진정한 감정을 드러내기를 꺼리고 일반적으로 그것을 숨길 것이다.	여성들은 남성들이 자신들에 대해 어떻게 생각하는지 확신이 서지 않을 때 불편하고 불안해 한다.

여성들은 상대방인 남성이 자신들의 말에 덜 주의를 기울이는 것처럼 보일 때 좌절감을 느낀다. 설문조사에 따르면 대다수의 여성들이 직장에서 남성들의 배제를 경험했다고 말했다. 경영 차원에서는 정책 토론과 의사결정 과정에서 모두 이를 인식한다.

조수나 접수원 같은 사람들은 이러한 무례함을 당한다. 이는 그들의 기여에 대한 감사의 부족으로 나타난다.

협상

남성들에게는 어느 정도의 공격적인 협상이 받아들여지는 반면, 여성들은 훨씬 더 큰 자제력을 가지고 행동할 것으로 예상된다. 이러한 기대는 수동적이고 순종적인 여성의 고정관념에서 비롯된다. 여성이 지나치게 열정적으로 자신의 생각을 표현하면 통제적이거나 조종하는데 능한 사람으로 낙인이 찍힌다. 그녀가 단순히 동료들의 뜻을 맞춰준다면 개인적인 차원에서는 그녀를 좋아할 수 있지만 그녀를 무능한 리더로 간주할 수도 있다.

따라서 여성은 희생의 호감도나 리더십의 역할을 포기하는 잘못된 이분법과 마주하게 된다. 하지만 효과적인 리더이자 호감이 가는 사람이 될 수 있다. 동료의 아이디어에 동의하지 않더라도, 동료의 아이디어의 중요성을 재확인하면서 자신의 아이디어를 성공적으로 주장할 수 있다.

　그럼에도 불구하고, 문제는 여전히 발생할 수 있다. 갈등에 대한 충돌은 때때로 매우 현실적일 수 있는데, 특히 정상에 있는 여성들에게는 더욱 그렇다. 전 휴렛팩커드(Hewlett-Packard) CEO인 칼리 피오리나(Carly Fiorina)는 회사를 더욱 경쟁력 있고 혁신적으로 만들기 위해 이사회에 직장 문화를 바꾸라고 압력을 가했기 때문에 자신의 자리에서 쫓겨났다고 주장했다. 그 후 그녀에 대한 반발은 회사 정책에 큰 변화를 주고 여전히 호감을 가질 수 있는 위험을 드러냈다.

오해

　몇 년 전, 한 여성 임원이 절망한 채 내 사무실에 들어왔다.

그녀는 동료들(대부분의 남성들)이 자신의 아이디어에 거의 신경을 쓰지 않고 자신을 해고하려는 것을 걱정했다. 그녀는 다른 사람들이 수년 동안 그들의 직책을 맡았던 것에 비해 상대적으로 신입이었다. 그녀는 소외감을 느꼈고 그들이 자신을 좋아하지 않는다고 확신했다.

나는 그녀에게 그들 중 누가 직접 말했거나 그녀에게 부정적인 행동을 했느냐고 물었고, 그녀는 아니라고 말했다. 나는 그들이 그녀를 모르기 때문에 무관심해 보이는지 크게 궁금했다. 나는 남자들이 잘 모르는 사람에게 손을 내밀기를 꺼리는 경향이 있다는 것을 그녀에게 상기시켰다.

그녀는 놀라 눈썹을 치켜세우고 한숨을 쉬었다. 나는 그녀에게 한 번에 두 명씩 서로를 알아가기 위해 그녀의 집에서 저녁 식사에 그들을 초대하라고 제안했다. 그녀는 그 아이디어에 흥미를 느꼈다.

몇 달 후 그녀는 실제로 그들 각자를 저녁 식사에 초대했고 성공적으로 어색한 분위기를 깨뜨렸다는 소식을 가지고 돌아왔다. 그들은 이제 그녀와 더 친해졌고, 더 자유롭게 이야기하고, 때로는 농담을 하기도 했다. 마침내, 그녀는 자신의 일에 대해 인정받고 더 편안함을 느꼈다. 그녀는 자신의 우울증이 그들의 행동에 대한 잘못된 해석으로 인한 것임을 알게 되었고, 그녀는 직장 안팎에서 더 적극적인 태도를 갖게 되었다.

갈등 처리

갈등은 직장에서 자연스러운 부분이다. 갈등은 사람들이 표현 방법을 포함하여 서로 다른 생각과 행동 습관을 가지고 있음을 반영한다.

다음과 같은 차이가 있을 수 있다.

● 직업윤리

● 성격

● 성별, 연령, 민족적 배경

● 작업 선호도(혼자 작업하든 협업하든)

다음은 충돌을 피하기 위한 몇 가지 팁이다.

● 선행조건을 피하고 대신 다른 사람을 더 잘 이해하려고 노력하라.

● 단호하지만 기꺼이 타협하라.

● 자신의 행동에 책임을 지라.

● 자신의 생각과 크게 다를 수 있는 아이디어를 즐길 수 있을 만큼 충분히 융통성을 가지라.

● 이해에 도달하기 위해 능동적인 듣기 연습을 하라.

● 문화적 배경이 다른 사람들의 태도와 행동을 이해하라.

일반적으로 한발 물러서서 적절한 관점을 얻는 것이 최선이다.

당신이 갈등에 대응하기 전에, 보통 한 걸음 물러서서 적절한 관점을 갖는 것이 최선이다. 이를 통해 당신은 갈등에서 오는 감정적 반응을 진정시키고 완화시켜 당신의 대응에 더 나은 지혜를 발휘할 수 있는 기회를 얻게 된다.

여성 동료들

여성들은 일반적으로 남성들보다 인내심이 강한 청취자이며 지지적이고 공감할 가능성이 더 크다. 동료는 그들에게 와서 좌절감이나 두려움의 감정을 드러낼 가능성이 더 높다. 남성들은 그런 대화가 너무 개인적인 것이라고 생각하면 무시하거나 불안할 가능성이 더 높다. 이것은 여성들이 그들의 동료들과 평화를 유지하는 데 초점을 맞추게 한다.

또한 여성은 관계에서 따뜻함을 발전시키는 데 더 큰 관심을 가지고 있다. 즉, 작업 프로젝트에서 합의를 도출하기 위해 공동 노력을 기울이는 것을 의미한다. 그 과정에서 그들은 적어도 부분적으로는 다른 사람들이 자신에 대해 가지고 있는 인식으로 직무 성과를 측정하는 경향이 있다.

이러한 경향의 단점은 여성들이 반대적이고 파괴적인 것으로 간주될 것을 우려하여 갈등 회피 전략을 더 자주 취한다는 것이다. 아이러니하게도, 그들은 직장에 있는 다른 여성들을 그들의 남자 동료들보다 더 엄격하게 평가하는 경향이 있다.

생산성을 극대화하기 위해 팀 정신의 엄청난 가치를 보는 기업도 있지만, 직원들에게 최고의 성과를 내기 위해 성과 경쟁을 높이려는 기업도 있다. 부적절한 곳에 빠지지 않으려면 회사에 지원하기 전에 어떤 것을 선호하는지 결정하라.

예수님을 따름

당신이 직장 여성이라면 일과 가정에 대한 책임으로 인해 일정이 과중해질 수 있다. 모두가 당신의 시간을 원하지만 당신에게 남은 시간은 거의 없다. 당신은 종종 배터리를 재충전할 기회가 거의 없이 끊임없이 자신을 바친다. 그로 인한 피로는 당신을 우울증에 취약하게 만들 수 있다.

예수님은 제자들과 함께든 혼자서든 무리를 피하고 휴식을 취하거나 기도를 하거나 가장 가까운 친구들과 교제를 나누기 위해 산이나 바다로 가셨다. 압력에 굴복하지 않고 그분은 종종 아버지와 단 두 분이 계심으로 육신의 휴식이 필요하고 영혼도 새 힘이 필요하다는 것을 알고 계셨다.

그분은 그렇지 않으면 정신적으로는 아니더라도 육체적으로 그분 자신이 봉사의 직무에서 지쳐버릴 것이라는 것을 알고 계셨다. 그분은 완전한 하나님이셨을 뿐만 아니라 완전한 인간이시며 당신과 나와 같은 시련을 겪으셨음을 기억하라. 더욱이 그분은 항상 그분 자신의 주된 사명을 잊지 않으시고 앞으로 닥칠 일에 대비하고 계셨다.

하나님이 우리에게 의도하는 삶을 위해 우리의 에너지와 정신을 되살리기 위해 운동할 시간을 내라.

물론 이 접근 방식에는 큰 지혜가 있다. 특히 장기적으로 정신적, 정서적 건강을 유지하려면 더욱 그렇다. 운동, 친구 및 가족과의 교제, 조용한 묵상 또는 반성을 위해 시간을 내는 것은 하나님이 우리를 위해 의도하신 삶을 위해 우리의 에너지와 영을 젊어지게 하는 데 필수적이다.

4부

소망의 치료와 신학

8장

변화에 대한 내러티브* 바꾸기

"여성이 알아야 할 여덟 번째는 우울증이
심각한 영향을 미칠 수 있다는 것이다.
우울증은 당신의 영적 삶에 깊은 영향을
미칠 수 있지만, 당신의 영적 삶은 당신의 우울증에
큰 영향을 미칠 수 있다."

한 사람의 영적인 삶은 우울증의 원인과 결과 모두에 깊은
영향을 미친다.

● 당신의 믿음이 약하고 삶의 의미와 목적이 거의 보이지

---

* 내러티브 변화는 행동이나 결과로 인해 스토리가 근본적으로 바뀌는 경우를 말
한다-역주

않을 때 당신은 우울해질 수 있다.

● 우울증은 죄에 대한 끈질긴 죄책감에서 비롯될 수 있다.

● 더 자주, 우울증은 영적 삶과 거의 관련이 없는 경험에
서 비롯된다. 하지만 그에 수반되는 절망적이고 무력한
감정은 하나님과 함께 하는 당신의 삶에 강력한 영향을
미칠 수 있다.

● 우울증은 대부분의 사람들이 인식하는 것보다 훨씬 더
흔하다. 교회에서는 신자들이 참으로 신실한 기독교인
들이 우울해할 만한 정당성이 없다고 잘못 생각하는 것
이 전형적이다. 그들에게 감정적으로 어려움을 겪고 있
다면, 당신은 어떻게든 하나님을 실망시킨 것이다.

이것은 많은 신자들이 우울증이 그들을 압도했다는 사실
을 당황하고 부끄러워하는 주된 이유이다. 당신도 그들 중
한 명일 수도 있다. 그렇다면, 우울증은 원치 않는 손님이 되
거나, 고민하는 한 목사가 말했듯이, 당신의 옷장에 있는 무
시무시한 괴물이 되었다.

그러나 성경을 읽으면 많은 충실한 신실한 종들이 우울증, 심지어 자살 충동까지 겪었다는 것을 곧 알게 될 것이다. 여기에는 다음 사람들이 포함된다.

- 모세
- 엘리야
- 요나
- 욥
- 예레미야
- 한나
- 사무엘
- 다윗 왕

그리고 그것은 바로 구약성경에서 나온 것이다! 신약에서 우리는 마리아와 마르다, 그리고 사도 베드로와 바울에 대해 알고 있다. 그들 각각에 대한 하나님의 반응을 살펴보면 하나님이 그들의 믿음이 부족하다고 배척하거나 책망하지 않으셨음을 알 수 있다. 그 대신에 그분은 동정심과 자비로 그들을 껴안으셨다.

그분의 종들의 우울증에 대한 하나님의 반응

하나님은 종종 자신의 곤경에 빠진 종들의 감정적 투쟁에 대처하는 구체적인 지침을 주셨다.

● 그분은 모세가 과중한 짐을 지지 않도록 임무를 위임하도록 도우셨다(출 18:13-23, 민 11:1-24).

● 그분은 엘리야에게 하나님의 능력의 장엄한 표현보다 사람들의 마음을 깨닫게 하시는 성령의 세미한 음성에 의지하라고 지시했다(왕상 19:11-13).

● 하나님은 자비롭게 바울의 삶에 디도를 불러들여 그를 격려하시고 감정적으로 양육하셨다(고후 7:6-7).

● 예수님 자신은 마리아와 마르다의 슬픈 우울증을 동정적인 눈물로 다루셨다(요 11:32-36).

틀림없이 하나님은 가르치실 수 있는 순간을 만드셔서 각 사람이 그분에 대한 이해를 높일 수 있도록 하셨다. 그분이 낙담한 유다 백성들에게 "너희를 향한 나의 생각을 내가 아나니 평안이요 재앙이 아니니라 너희에게 미래와 희망을 주는 것이니라."(렘 29:11)고 말씀하셨다.

충만하신 하나님의 본성

어떤 사람들은 오늘날 교회가 하나님의 사랑을 너무 강조하고 의와 심판을 충분히 강조하지 않는다고 말한다. 그러나 하나님의 사랑은 오직 그의 의의 맥락에서만 이해할 수 있음을 잊어서는 안 된다.

우리는 하나님의 사랑이 그의 의의 맥락에서만 이해될 수 있다는 것을 잊어서는 안 된다.

우리가 그분의 자비의 아름다움을 파악하는 것은 그분의 심판을 통해서이다. 마찬가지로 우리는 그분의 무죄한 성품으로 인해 우리가 갚을 수 없는 빚과 그분의 은혜의 관대함을 깨닫게 된다.

우리는 구속에 대한 우리의 이해를 손상시키지 않고서는 그분의 의(義)와 그분의 사랑을 분리할 수 없다. 그것이 예레미야가 마치 동전의 양면을 묘사하듯이 하나님의 성품의 양면을 제시하는 이유이다. 그는 자기 백성들의 죄에 대한 하나님의 심판을 선포한 다음, 하나님의 구속하시는 사랑에 대해 동등한 열정으로 말한다. 하나님의 무조건적인 수용은 개인의 평화라는 강력한 선물이다.

하나님에 대한 당신의 개념

하나님은 그리스도와의 인격적인 관계를 통해 신자들을 구원하신다. 이것은 여성의 신앙을 인류를 위한 하나님과 친밀한 관계를 위한 하나님의 열정의 결합에 대한 응답으로 만든다.

그러나 절망의 어둠 속에서 당신이 어떻게 하나님의 음성을 들을 수 있는가? 이것은 부분적으로 하나님에 대한 당신의 개념에 달려 있다.

● 당신이 하나님을 두려워해야 할 분으로 본다면, 고통을 하나님의 징벌로 보게 될 것이다.

● 당신이 하나님을 당신 안의 선과 악의 양을 결정하는 분으로 본다면, 당신의 고통을 하나님의 은혜를 얻지 못한 것으로 보게 될 것이다.

● 당신이 하나님을 멀고 무관심한 분으로 본다면, 당신의 고통을 절망적인 상태로 보게 될 것이다.

● 당신이 하나님을 구원자로 본다면, 당신의 고통을 하나님이 그에 대해 뭔가를 하시고, 어떤 식으로든 기적적으로 개입하시고, 평온을 회복시키시는 그분의 통치를 보게 될 것이다.

이러한 각각의 경우에 단지 하나님이 누구시며 그리고 그분이 당신의 영적 삶을 변화시키기를 갈망하시는지 하나님을 의심하며 본다면 당신의 고통은 당신을 눈멀게 할 뿐이다. 그 결과 외로움의 절망에 빠지게 된다.

반면에 당신이 하나님을 그분의 완전하심으로 본다면 당신보다 훨씬 더 높은 목표를 향해 도전할 만큼 충분히 관심을 갖고 계신 분을 보게 될 것이다. 그럴 때 당신은 고군분투하는 와중에도 그분의 음성에 주의 깊게 귀를 기울일 가능성이 더 크다. 당신은 그것이 당신에게 새로운 희망을 줄 것이라는 것을 알기 때문에 그분이 무슨 말씀을 하시는지 알고 싶어할 것이다. 그분은 욥에게 하신 것처럼 그분 자신에 대해 더 많은 것을 당신에게 가르치시거나 사도 바울에게 하신 것처럼 그분 자신에 대해 더 많이 가르치실 것이다. 아마도 그분은 둘 다 하실 것이다.

하나님은 우리의 고통을 허락하지 않으시지만 우리의 성품을 성장시키기 위해 어려운 조건을 사용하실 것이다.

당신의 친밀한 관계에는 근본적으로 영적인 핵심이 있다는 것을 깨닫게 될 것이다. 친밀한 관계를 의도적으로 키우지 않으면 이 핵심이 쪼그라들고 당신의 가족과 당신의 유대가 끊어질 수밖에 없다.

당신의 성장을 위한 기회

야고보는 어려운 상황에서도 힘을 얻기 위해 기도할 것을 제안한다(약 5:13-16). 하나님은 우리의 고통을 허락하지 않으시지만, 우리의 성품을 성장시키기 위해 어려운 조건을 사용하실 것이다. 하나님은 두려운 경험을 사용하여 우리를 더 강하고 동정심 있게 만드실 수 있다.

당신의 우울증은 영적인 성장과 성숙 또는 영적인 고정 관념과 냉소를 초래할 수 있다. 모든 것이 하나님에 대한 개념과 변화하려는 의지에 달려 있다. 우울해지는 것은 비록 당신이 그렇게 느끼지 않더라도, 스스로 일어나 당신 자신, 당신의 관계, 또는 당신의 환경을 바꾸라는 요구이다. 오늘 이 문제에 맞서지 않으면 내일 평화가 찾아올 가능성이 희박하다.

우울해지는 것은 일어나서 당신 자신, 당신의 관계, 또는 당신의 상황을 바꾸라는 요구이다.

많은 사람들에게 현재 상태는 비참하지만 적어도 예측 가

능하다. 그리고 예측 가능성은 단기적일지라도 불안을 감소
시킨다. 이 패턴을 변경하려면 많은 정신적, 정서적 작업이
필요하다. 그럼에도 불구하고 우울증은 우리 모두에게 진정
으로 가치 있는 삶을 찾게 한다.

이런 도전은 변화시키시는 힘이 있으신 하나님께 당신이
기대해 왔던 것이 아닌가?

기억해야 할 8가지

치유를 시작할 때 알아야 할 8가지 중요한 것들을 다시 한 번 요약하면 유용할 것이다.

1 – 우울증은 여성들 사이에서 가장 큰 감정 장애이다. 이 시스템은 당신에게 문제를 알리기 위해 고안된 감정 경보 시스템이라는 사실을 기억하라.

2 – 여성의 호르몬 변화는 그녀를 우울증에 취약하게 만든다. 그러므로 의사와 상담하는 것이 현명하다.

3 – 여성들은 아버지 없는 가정과 성적 학대의 우울한 영향에 취약하다. 문제는 점점 더 큰 대인관계 위험을 감수하는 것이다.

4 – 문화적 고정 관념은 여성의 직업 선택을 감소시켜 성취되지 않은 열망으로 인한 우울증으로 이어질 수 있다. 자신(과 다른 사람)을 존중하는 마음으로 대하는 것이 회복의 첫 번째 단계이다.

5 - 불행한 결혼 생활에서는 우울증이 더 많이 발생한다. 문제를 해결하기 위한 방법은 당신의 잘못된 선입견에 적극적으로 의문을 제기하고, 배우자에게 친절하게 대하는 것이다.

6 - 당신은 우울증 속에서 매우 외롭다고 느끼면서도 여전히 친구 관계를 소홀히 할 수 있다. 그러한 경향에 적극적으로 저항하고 연결 상태를 유지하기 위해 단호하게 노력하라.

7 - 직장에서 여성의 역할은 동료의 기대와 자신의 성격 요인에 따라 상충될 수 있다. 어떻게 대응하느냐에 따라 정신 건강에 가장 좋은 것이 무엇인지 검토할 수 있는 기회가 될 수 있다.

8 - 우울증이 당신의 영적 삶에 영향을 미칠 수 있는 것처럼 당신의 영적 삶도 우울증에 영향을 미칠 수 있다. 하나님의 음성에 귀를 기울이면 당신은 그분의 자비하심과 긍휼하심에서 위로를 얻게 될 것이다.

이 여덟 가지는 좋은 경험이든 나쁜 경험이든 모든 경험이 미래를 위한 준비라는 전제에 기반을 두고 있다. 당신은 다가올 세월에 대한 막연한 기대에 안주할 필요가 없다. 오히려 당신은 지금 여기에서 변화시키기를 시작할 수 있다.

그리고 한 가지 더

우울증에 대해 전문적인 도움을 구하는 것을 두려워하지 말라.

일대기

게리 H. 러브조이(Gary H. Lovejoy, MA, MRE, PhD) 박사는 32년 동안 마운트후드 커뮤니티 칼리지(Mt. Hood Community College)에서 심리학 교수이자 종교학 교수로 재직했으며 38년 이상 전문 상담 분야에서 개인 실습을 했다. 그는 오리건 주 포틀랜드(Oregon, Portland)에 있는 밸리뷰 상담 서비스(Valley View Counseling Services), LLC 의 설립자이자 현재 수석 치료사이다.

미국 국제 대학에서 심리학 박사 학위를 취득한 것 외에도 러브조이(Dr. Lovejoy) 박사는 풀러 신학교(Fuller Theological Seminary)에서 종교 교육 석사 학위도 취득했다. 그는 심리학, 세계 종교, 구약 및 신약 등을 가르쳤다.

상담가로서의 그의 다년간의 경험에는 목사와 목회 지도자들을 돕는 것이 포함되어 있다. 그는 또한 우울증, 불안, 갈등 해결, 결혼 문제, 그리고 다른 많은 문제들을 다루는 개인들, 부부들, 그리고 가족들을 상담했다. 그는 많은 가족 캠프, 부부 휴양지, 대학 컨퍼런스에서 연사로 활동했다.

러브조이 박사(Dr. Lovejoy)는 복음주의 기독교인이며 현재 오리건 주 웨스트린(West Linn, Oregon)에 있는 애티 크릭 기독교 단체(Athey Creek Christian Fellowship)의 회원이다. 그는 아내 수(Sue)와 함께 오리건 주 해피 밸리(Happy Valley, Oregon)에 살고 있으며 기혼 자녀 2명과 손주 4명을 두고 있다.